幼儿园一日生活过渡环节的组织策略

吴文艳 ◎ 主编

图书在版编目(CIP)数据

幼儿园一日生活过渡环节的组织策略/吴文艳主编.—北京：中国轻工业出版社，2014.12（2024.10重印）

ISBN 978-7-5019-9952-1

Ⅰ.①幼… Ⅱ.①吴… Ⅲ.①幼儿园－一日生活组织－研究 Ⅳ.①G612

中国版本图书馆CIP数据核字（2014）第231046号

保留所有权利。非经中国轻工业出版社"万千教育"书面授权，任何人不得以任何方式（包括但不限于电子、机械、手工或其他尚未被发明或应用的技术手段）复印、拍照、扫描、录音、朗读、存储、发表本书中任何部分或本书全部内容（包括但不限于光盘、音频、视频等）。中国轻工业出版社"万千教育"未授权任何机构提供源自本书内容的电子文件阅览、收听或下载服务。如有此类非法行为，查实必究。

责任编辑：王慧超　　责任终审：杜文勇
策划编辑：高　君　　责任校对：刘志颖　　责任监印：吴维斌

出版发行：中国轻工业出版社（北京鲁谷东街5号，邮编：100040）
印　　刷：三河市鑫金马印装有限公司
经　　销：各地新华书店
版　　次：2024年10月第1版第12次印刷
开　　本：710×1000　1/16　印张：12
字　　数：93千字
印　　数：55001—57000
书　　号：ISBN 978-7-5019-9952-1　定价：28.00元

读者热线：010-65181109
发行电话：010-85119832　　010-85119912
网　　址：http://www.chlip.com.cn　　http://www.wqedu.com
电子信箱：1012305542@qq.com

版权所有　侵权必究
如发现图书残缺请拨打读者热线联系调换
241661Y1C112ZBW

编者名单

主　　编　吴文艳

编写人员　陈　凤　陈　微　胡　蓉　胡　娜　李丹凤
　　　　　　李薇佳　李雪芬　林　波　王　芳　王静春
　　　　　　王水莲　徐　冰　张淘儿　周琳芬

推荐序

平凡中的精彩，小事中的智慧

暑假期间收到吴文艳老师的这本书，她希望我对这本书写几句感想和鼓励的话。说实在的，当时听到书名是《幼儿园一日生活过渡环节的组织策略》就感觉没什么好说的。一方面是因为我对幼儿园的生活过渡环节没有深入系统的研究；另一方面也是因为我主观上觉得生活过渡环节比较细小没那么重要，再加上事情较多没有时间，就暂时搁置了起来。现在都开学了，而暑假答应的事情还没有做，这才打开书稿认真地读了起来。没想到的是，我刚读了几页就被吸引住了，连续读了20几页就感觉在电脑上读不过瘾，于是专门找了打印社印出来读，一口气读完了。我先是被吸引，再是被感动、受感染。一个个小小的生活过渡环节都是那么鲜活生动、有滋有味！字里行间传递着喜悦，细小琐事中渗透着智慧。

这是一群感受到幸福职业人生的教师。她们在用幸福快乐的心情做教育，在用深情温暖的语言说教育。在她们的笔下，一日生活被比喻成珍珠项链，过渡环节被比喻成串起项链的隐性的线。在她们的工作中，透彻的反思和深刻的查找问题掩饰不住对工作的热爱，孩子的点滴进步都能激起她们极大的工作热情。

这是一群深爱儿童的教师。她们用真诚的爱心对待孩子，努力让孩子们从一个个细小的过渡环节中感受到温暖与爱心，关怀与关爱。晨间入园让孩子们感到美好，户外中转充满了灵动，课间和餐间的休息都那么甜美，就连离园的告别都成为幸福生活的延续。

这是一群富有智慧的教师。她们对过渡环节价值的认识与阐释、对组织策略的总结与提炼、对案例的选择与判断，以及温馨小贴士中的提示与忠告，都渗透着对教育的深刻理解和深切感悟，充满了思考创造与教育机智，让人感到贴心而又有实用价值。

书中呈现的不是过渡环节的全部，文中列举的也不是完美的做法和工作的清单，但我们可以选择，可以借鉴，更需要凭借自己的智慧去创造。我们的目标是共同的：让幼儿的生活过渡环节美好而有意义，让幼儿在生活环节过渡中感受到连贯与流畅，自然安心、自主做事、自由交往。

愿每位教师都能修炼出这样心境！

愿每位教师都能培养出这样的智慧与师德！

更祝愿每个儿童都能享受到这种美好而有意义的教育！

中央教育科学研究院
基础教育研究中心研究员
刘占兰
2014年9月5日

前　言

　　幼儿进入幼儿园是幼儿迈向社会的第一步，幼儿园生活是幼儿从家庭迈向社会的小小驿站；而幼儿园一日过渡环节，是幼儿园一日活动中将幼儿从一种活动状态转向另一种活动状态时产生的中间环节。所以过渡环节发生在两个活动的更替时段，穿梭渗透于幼儿的一日学习、游戏、生活、运动活动之中。如果把幼儿美好且充满意义的一日生活比喻成一串美丽的珍珠项链，那过渡环节就是那一根隐性的串珠成链的线，虽小尤贵。

　　对于幼儿来说，幼儿园一日生活中过渡环节之所以重要，不仅仅是因为它满足了幼儿对一日教学活动张弛有度节奏性变化的适应需要，更重要的是它满足了幼儿身心活动节奏更替的需要。对于教师来说，过渡环节为他们提供了更多的自主反思教学策略、调整教育方案以及培养教育机智的机会。在过渡环节时段，教师可以更自由地和孩子打成一片，更易于建立和谐、亲密的师幼关系。此外，在较为自由和自主的活动时间，幼儿易于发生各种矛盾和纠纷，由此一来，过渡环节又蕴藏了无限的教育契机，幼儿的问题解决能力、创造力、自我表达能力以及教师的观察力、教学执行力都可以通过这一环节得到一定的培养。

　　但遗憾的是，一直以来，过渡环节并没有得到应有的重视，过渡环节对幼儿身心发展以及教师教学发展的双向促进价值未能得到很好的发挥。而且在教学实践中，过渡环节易走向两个极端。一方面，教师过多地干涉幼儿的活动选择，这种教师权威的滥用大到对幼儿活动场所、活动内容的直接指令，小到对幼儿每一个活动的具体步骤和时间的限定，这样使得本身以放松和休息为主的过渡时间充满着紧张和压力；另一方面，教师对幼儿放任自流，不干涉也不引导，这无疑引发了很多幼儿的消极等待、无所事事的行为，不少教育契机也就此流失。因此，过渡环节仍以其边缘性游离于教育工作者的视线之外。

本书对过渡环节不仅有理论阐释，更赋予全面详尽的活动策略。在本书中，我们也尽量向大家诠释过渡环节的理念以及我们所设计活动的根本立场。

(1) 过渡环节要体现自然性。这是过渡环节内涵最深刻的体现，意味着教师所选的过渡环节活动要顺应幼儿身心发展规律自然而然发生。所以，过渡环节是行程中的驿站，是幼儿园一日生活剧中的"花絮"。它是非正式的，在自然状态下，容许各种自由活动形式的存在。它可以是自然活泼的，也可以是安静平和的，它容许喧闹幽默，也容许闲趣静谧。过渡环节的自然性无形中就否定了教师在过渡环节中的过多安排或指导，而是强调适应幼儿的自主调节的活动方式，把人为控制的过渡转换成自然的过渡。而幼儿的学习以游戏为主，所以自然无痕的过渡也是活动艺术性与游戏性的一种体现，各种有趣、丰富且体现多元文化的故事、歌曲、戏剧、民间童谣、律动等都是不错的选择。

(2) 过渡环节要实现幼儿的自主性。过渡环节的主要作用是为了调整幼儿的身心状态，为下一个活动做最充分的准备。所以在过渡环节时，教师要充分尊重幼儿的身心发展需求，为他们的自主、独立发展提供最适宜的环境。在这个过程中，幼儿除了享受尊重和自由的氛围，还享有自由活动的选择权，在一定弹性空间里从事自己喜欢的活动，选择自己喜欢的同伴，自由地表达情感和需求，让个性得到更好的发挥。这一点要求教师能打破教师权威意识，如同《3—6岁儿童学习与发展指

南》（以下简称指南）所示，回归儿童本位。

（3）过渡环节要满足幼儿发展的适应性。只有适宜的过渡时间、活动强度、活动更换频率，才能帮助幼儿将过渡活动的潜力与能量发挥到最大值，保障过渡环节顺畅进行。而适宜的活动频率和强度需要教师遵循幼儿发展的年龄特点来设计。另外，教师还要保证活动具有一定的挑战性，适于幼儿多次参与与尝试。

（4）过渡环节要体现教育的渗透性。过渡环节能为幼儿提供有益的学习经验，这主要是指它能为幼儿提供重温几天前或一周前刚刚习得的经验的机会，帮助他们重新建构认知或情感体系。所以在过渡环节中，教师可以将幼儿一日学习的很多经验进行重复渗透，以实现教育性、生活性的全面统一。过渡环节可以和幼儿园一日生活的其他环节相融合，以实现幼儿不同生活、学习、运动经验的交叉、重合，这样能更好地实现幼儿的整体发展。

本书共分为七章，每个过渡环节各独立为一章，每章又分为四个部分，分别为相关过渡环节的价值阐释、组织策略、试试这样做、温馨小贴士。这些内容不仅能很好地帮助教师认识该环节的教育价值以及实施概要，提高其理论水平，而且一些具体的、操作性极强的活动能很好地为教师提供真实有效的帮助，以保障过渡环节的有效实施。具体说来，书中提到的每一个活动都由简单的活动介绍、活动准备、活动实施、活动建议几部分组成。活动介绍主要是对该活动实施背景或价值信息的简单描述，包括这一活动与幼儿发展的某个特定领域的联系以及对幼儿发展的作用等；活动准备主要是指实施该活动教师所需的物质或幼儿经验方面的先前准备状态；活动实施则较为详尽地描述了活动实施时教师要遵循的具体步骤或注意的关键点，包括幼儿和教师在活动中具体要采取的行为；活动建议重点阐释了实施该活动的注意事项，以及针对不同年龄段幼儿的活动改进策略或其他的相关延伸活动。我们极尽可能为教师拓展思路，以设计出更新颖而有价值的活动帮助幼儿快乐过渡，乐享这片自由之地。

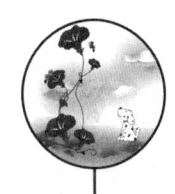

本书由陈凤、李薇佳、李雪芬、徐冰、王静春、张淘儿、王芳、林波、胡娜、胡蓉、李丹凤、王水莲、陈微、周琳芬、吴文艳共同参与编写，由吴文艳统稿。我们极力想向教师呈现的不仅仅是一些现成的活动设计，更是一种思路和理念。我们想给教师提供一个支点，以引发他们思维的源泉。如果教师能充分利用这些"中转""驿站"，以幼儿发展的五大领域为核心设计一些简单的活动，那么将原本过渡环节中幼儿的消极等待转变为积极行为就绝不是难事。

感谢编写人员所在单位及领导给予的大力支持，感谢中国轻工业出版社万千教育编辑部高君老师的中肯扶正和辛勤劳动。

由于时间仓促，学识水平有限，书中部分案例的描述可能还不够清晰，分析还不够透彻，粗疏漏缺在所难免，敬请各位读者批评指正！

编者
2014年7月28日

目 录

第一章 晨间入园——美好一天的开始 ··· 1

一、晨间入园的价值阐释 ··· 1

二、晨间入园的组织策略 ··· 2

三、试试这样做 ··· 6

  1. 入园问早：哆、咪、咪 ··· 6

  2. 音乐之声 ··· 7

  3. 匹配游戏 ··· 8

  4. 艺术签到 ··· 10

  5. 衣柜真整齐 ··· 11

  6. 信息板 ··· 12

  7. 心情温度计 ··· 13

  8. 巧用"工作图" ··· 15

  9. 一起来劳动吧 ··· 16

  10. 随着音乐动起来 ··· 18

  11. 这是我的朋友 ··· 19

12. 点名啦 ··· 20
　　13. 秀秀我的小宝贝 ··· 21
　　14. 小小新闻播报员 ··· 22
　　15. 演一演，猜一猜 ··· 23
　四、温馨小贴士 ·· 24

第二章　户外中转——来回途中的灵动 ························· 27
　一、户外中转的价值阐释 ··· 27
　二、户外中转的组织策略 ··· 28
　三、试试这样做 ·· 32
　　1. 争分夺秒运武器 ··· 32
　　2. 让歌声飘洒一路 ··· 33
　　3. "走钢丝"杂技表演 ··· 35
　　4. 变化路线走 ·· 36
　　5. 学小动物走路 ··· 37
　　6. 爬跳跑回来 ·· 38
　　7. 火车开来了 ·· 39
　　8. 我是侦察兵 ·· 40
　　9. 大手牵小手 ·· 41
　　10. 你问我答乐无穷 ··· 42
　　11. 今天我是排头兵 ··· 43
　　12. 好朋友手牵手 ··· 44
　四、温馨小贴士 ·· 45

第三章　课间过渡——学习驿站中的小憩 ····················· 47
　一、课间过渡的价值阐释 ··· 47
　二、课间过渡的组织策略 ··· 48

三、试试这样做 53
1. 我爱阅读 53
2. 说说悄悄话 54
3. 我是小小观察家 55
4. 我是快乐小助手 56
5. "棋"乐无穷 57
6. 音乐游戏 58
7. 纸儿变变变 59
8. 儿歌、童谣诵 61
9. 快乐的延伸活动 62
10. 大作欣赏 63
11. 翻绳乐翻天 64
12. 区域活动我来评 65
13. 词语接龙我挑战 66
14. 我的玩具我做主 67
15. 我爱木偶表演 68
16. 墙面互动小天地 70
17. 听一听,唱一唱 71

四、温馨小贴士 73

第四章 餐间小憩——健康一天的加油站 75
一、餐前餐后过渡的价值阐释 75
二、餐前餐后过渡的组织策略 76
三、试试这样做 81
1. 食谱介绍 81
2. 餐前准备 82
3. 分享时刻 83

  4. 艺术欣赏 ……………………………………………………… 84
  5. 开心一刻 ……………………………………………………… 85
  6. 创意魔术 ……………………………………………………… 85
  7. 温故知新 ……………………………………………………… 86
  8. 欢乐游戏 ……………………………………………………… 87
  9. 团团，捏捏 …………………………………………………… 90
  10. 拼一拼 ……………………………………………………… 91
  11. 棋类小站 …………………………………………………… 92
  12. 心情日记 …………………………………………………… 93
  13. 搭一搭 ……………………………………………………… 94
  14. 开心阅读 …………………………………………………… 95
  15. 捉小虫 ……………………………………………………… 95
  16. 炒蚕豆 ……………………………………………………… 96
  17. 接长龙，开火车 …………………………………………… 97
  18. 我吃完了 …………………………………………………… 98
  19. 我爱劳动 …………………………………………………… 98
 四、温馨小贴士 …………………………………………………… 99

第五章　清洁整理——舒适生活的保证 …………………………… 101
 一、清洁整理的价值阐释 ………………………………………… 101
 二、清洁整理的组织策略 ………………………………………… 102
 三、试试这样做 …………………………………………………… 110
  1. 视听时间 …………………………………………………… 110
  2. 我是你的小镜子 …………………………………………… 111
  3. 我是小射手 ………………………………………………… 112
  4. 等等就回来 ………………………………………………… 113
  5. 轻松留白时 ………………………………………………… 114

  6. 盥洗交响乐 ······ 115

  7. 照片整理法 ······ 116

  8. 小小监督员 ······ 117

  9. 快乐手指谣 ······ 118

  10. 我帮娃娃擦屁股 ······ 119

  11. 便捷识别小妙招 ······ 120

  12. 轻松来洗手 ······ 121

  13. 节水我最行 ······ 122

  14. 植物也"盥洗" ······ 123

  15. 温馨大带小 ······ 124

 四、温馨小贴士 ······ 125

第六章 温馨入眠，快乐苏醒——活力一天的驿站 ······ 127

 一、午睡前后过渡的价值阐释 ······ 127

 二、午睡前后过渡的组织策略 ······ 128

 三、试试这样做 ······ 132

  1. 走走，走走 ······ 132

  2. 漱漱小口 ······ 133

  3. 慢动作 ······ 133

  4. 躺下，听听 ······ 134

  5. 我融化了 ······ 137

  6. 我困了 ······ 137

  7. 我会穿脱衣服 ······ 138

  8. 我会整理床铺 ······ 139

  9. 我爱打扮 ······ 140

  10. 我会系鞋带 ······ 140

  11. 唤醒操 ······ 142

12. 猜中指 ··· 143
13. 金锁银锁 ··· 144
14. 脚尖脚跟脚尖跳 ······································ 144
15. 踢踢绊绊 ··· 145
16. 绷绷线 ··· 147
17. 挑小棒 ··· 147
四、温馨小贴士 ··· 148

第七章 离园告别——幸福时光的延续 ················· 151
一、离园活动的价值阐释 ···································· 151
二、离园活动的组织策略 ···································· 152
三、试试这样做 ··· 159
  1. 不露小肚脐 ·· 159
  2. 涂香香 ·· 160
  3. 火眼金睛 ··· 161
  4. 理好书包回家喽 ····································· 162
  5. 快乐的一天 ··· 163
  6. 我的小舞台 ··· 164
  7. 送笑脸 ·· 165
  8. 夸夸你，夸夸我 ····································· 166
  9. 明天见 ·· 166
  10. 分享真快乐 ··· 168
  11. 自由玩区角 ··· 168
  12. 桌面游戏，一起玩 ································· 169
  13. 小小值日生 ··· 170
  14. 再见还要拍拍手 ··································· 170
四、温馨小贴士 ··· 171

第一章

晨间入园
——美好一天的开始

一、晨间入园的价值阐释

美国的乔治·福门博士认为，儿童的大部分时间以及成长不是在被命名为"学习"的活动中度过与取得的，而是由一个个细微的生活片段联结而成。如此说来，晨间入园将是这些细微的生活片段中最温情、最动人的时刻。

当孩子们穿戴整齐笑容灿烂地步入幼儿园时，他们带着对过去生活的细致体味与感知，带着对即将开启的一日生活的期待与希冀；而教师从家长的手中接过这小小的人儿后，等待着他们的是一天的忙碌工作以及忙碌工作背后对孩子成长的欣慰——这是一天的开始，孩子与教师的学习成长历程从此时出发。晨间入园活动，作为幼儿园一日生活的首次过渡，尽管时间冗长、组织较难，但是它能为幼儿即将到来的一日游戏、生活和学习活动做着最初也是最重要的准备，它是幼儿一天美好、积极的生活得以有序进行的前提。

在本书中，晨间入园活动趋于更广泛的含义，它产生于教师进入班级做晨间准备到全体幼儿都集中开始真正的集体教学活动这段时间，所以晨间入园的过渡活动主要由两部分组成,即晨间接待与晨间信息。晨间接待,一方面要求教师要逐一问候入园的幼儿及其家长,另一方面要求教师智慧性地引导已入园的幼儿进行活动,并随时观察、记录他们的活动状态,以便和幼儿进行适时、积极的交流。晨间信息,是指教师在开始正式的集体教学活动前,与全体幼儿进行的一种有趣且新颖的活动方式,它可以是语言与思维性的游戏活动,也可以是音乐与运动类的肢体互动方式,在增强幼儿参与活动兴趣的同时为幼儿新的学习历程营造良好的氛围。

二、晨间入园的组织策略

案例1

早上8点钟开始,S幼儿园中(3)班的孩子陆陆续续来园。孩子们结束了问好、自我整理之后,径直走进活动室,每人挑选了一个自己喜欢的区角玩了起来。这时候该班一位教师依旧站在教室门口迎接还没有来的小朋友,另一位教师则蹲在地上忙着准备上课用的教具。等到大多数孩子到园后,教师开始让所有的小朋友收拾玩具,为晨间谈话做准备。

案例2

在对Q幼儿园大(1)班进行了一个学期的调研访问后,王老师发现,该班幼儿的晨间游戏全部都是桌面游戏,而且这些桌面游戏材料一个学期内都不曾更换过。

一直以来,因晨间入园所需时间长、突发事件多、活动形式单一以及教育潜在价值难以挖掘,很多教师并不重视晨间入园活动的设计与组织,主要表现在以下几个方面:一些幼儿园流于形式以简单的晨间接待为主,这样教师和幼儿建立感情以及发展幼儿自主学习的许多宝贵的机会就被白

白浪费掉了；一些幼儿园教师忙于卫生清理及教具准备等工作，不太注重幼儿来园后的活动组织，使整个活动缺乏教育的组织性与计划性；还有一些幼儿园更是常年采用同样的活动和材料，让幼儿重复无意义的操作活动，无视幼儿的兴趣与基本发展规律。而上述两个案例只是呈现了教师来园接待误区的典型行为表现而已，这让我们不得不考虑：怎样的入园环节才是我们真正需要的，并能真正促进幼儿的真实发展呢？

有的幼儿园将幼儿入园环节的理想状态定位在一个"好"字上，并努力达成三个方面的价值追求：让幼儿有积极、愉悦的情绪体验，喜欢上幼儿园，并产生安全感；营造轻松愉悦的活动氛围，引导幼儿和家人愉快告别，并愿意接受晨检；培养幼儿综合的生活能力，使其能够以积极的状态参与区域活动、自我服务等①。但是作为幼儿在园一日生活中最重要的活动准备阶段，仅仅做到以上几点是不够的。为了让幼儿的来园活动更具有教育的价值，教师在组织幼儿晨间入园活动时也需要遵循一定的原则。具体表现在以下三个方面：

（1）关注整体，用心挖掘每个幼儿来园时真正的、有意义的教育契机。一般来说，在幼儿入园阶段，教师极易关注家长用心托付的幼儿以及情绪与身体状态极度不佳的幼儿，对于早来园的幼儿、晚来园的幼儿、较少发生矛盾与冲突的幼儿、不能主动表达情感的幼儿关心不够。对于早来园的幼儿，教师由于忙着准备教具，无心和幼儿进行过多的交流；对于晚来园的幼儿，教师因急于下一个环节的组织而缺少对幼儿的关心；对于那些安静活动的幼儿，教师更是无暇或者说没有意识去关注他们，这就导致一些很好的教育发展机会没有得到延伸或者有效利用。因此，教师在幼儿晨间入园环节一定要关注每个幼儿的发展，让每一个幼儿都能为一天的美好生活做最充分的精神以及情感上的准备。孔子曾说过："视其所以，观其所由，查其所安。"在幼儿晨间入园期间，教师

---

① 宋文霞，等，主编.幼儿园一日生活环节的组织策略[M].北京：中国轻工业出版社，2014．1.

必须耳听八方,眼观六路,以关注到每个幼儿的表现。此外,教师还要做幼儿活动的引导者,要为他们提供各种发展机会,为他们即将开始的一日学习做好经验和能力上的准备。请看以下两个案例:

案例1

晨间入园环节,在S幼儿园的小(5)班,幼儿D正在美工区进行沿线剪灯笼的活动(该幼儿使用的灯笼图片上画有五层椭圆形线条,且线间距很短),但是由于幼儿D的小肌肉精细动作发展不够完善,他总是剪一下就会把灯笼剪断,为此他很泄气。该班的王老师看到这一幕,本想上前指导,无奈因为另外一个幼儿的入园只好匆匆离开。过了一会儿,孩子们大都入园了,王老师抽空走到幼儿D的身边,用勾线笔画了一个正方形的大灯笼,并鼓励幼儿D剪剪看,在尝试了两三次之后幼儿D终于剪出了一个大灯笼。

案例2

在B幼儿园的小班晨间艺术签到活动中,每个班级总会有一位教师坚持和孩子们待在一起,与孩子们进行耐心友善的交流,分享孩子们的经验,体验孩子们的内在感受,倾听孩子间的谈话。在艺术签到完成后,教师会将孩子们对自己作品的描述记录下来。久而久之,艺术签到成了该幼儿园小班孩子最开心、最喜爱的园所活动之一。

(2)营造自然、温馨且充满挑战性的人文环境。 教师要用真诚的微笑、亲切的问候打开幼儿的快乐之门,为幼儿创设如家一般宽松、愉快的环境。"这可能看起来像是一个仪式,但是真诚的问候能够让每个孩子以积极的情绪开始每一天的生活。"[①] 每一天早晨孩子与教师的团聚就

[①] 爱波斯坦.霍力岩,等,译.学前教育中的主动学习精要——认识高瞻课程模式[M].北京:教育科学出版社,2012.50~51.

意味着和家人的分离，这时候教师一个亲切的微笑、一个充满爱意的拥抱、一句关切的问候对于孩子来说都是一份最温暖、最重要的礼物。他们会因此摆脱与家人分离时的焦虑，与教师开始建立一种信任平等的互动关系，并以此为起点开始一天的生活。尤其对于那些害羞胆小或低年龄段的幼儿，教师更应该主动以轻柔的动作、关切的神情，缓解他们内心的恐惧情绪。与此同时，教师还要以新奇、有趣的活动吸引幼儿，开展一些具有挑战性的学习活动以转移幼儿的注意力，帮助幼儿以最快的速度适应幼儿园的生活。由于那些情绪自我调节与管理能力较差的低年龄段幼儿极易受外界影响，情绪波动大，这时候如果教师能安排一些新颖、有趣、形式多样的活动吸引他们的注意力，往往会收到意想不到的效果。

（3）关注幼儿活动自主性的养成与发展。幼儿需要稳定的常规活动所带来的舒适感和内部控制感，但是这并不代表教师可以长达几个月不改变幼儿来园后的活动方式，或者不调整幼儿来园后使用的活动材料。在晨间入园这个阶段，幼儿更应该拥有并享受选择权，体验自主、自由学习的快乐。教师应随时培养幼儿主动学习的意识并提供行为支持。比如，尊重幼儿选择晨间区角游戏的权利，每一新活动开始时和幼儿一起制定规则与契约，一个活动与另外一个活动间的衔接提前告知幼儿，在幼儿熟悉某个活动的规则与操作流程之后鼓励他们共同讨论以做出调整与改进，等等。

案例

在 H 幼儿园大（1）班，幼儿入园后的晨间活动内容不是由教师决定的，而是由幼儿自己举手表决的。比如，有的幼儿喜欢来园照顾植物，有的喜欢做小小气象员，有的喜欢玩区角……这些都不是教师刻意安排的，幼儿有主动选择的自由，教师只是扮演记录和协调的角色。除此之外，在该班级中，几乎每个游戏的规则都是由幼儿自己制定的，而且教师还鼓励幼儿将由集体商讨制定的游戏规则通过绘画的形式表达出来，用艺术表征的形式帮助幼儿树立规则意识。比如，图1.1所示的就是该班幼儿制定的图书区活动规则，内容包括不能说话、不能唱歌、要爱护书籍等。

图1.1

轻松有趣并富有内在激励机制的晨间入园活动，以自然无痕之势为幼儿持续性的学习积累正能量。不过，这里需要提及的是教师从容且充分的入园准备工作必不可少，包括开窗通风、物品消毒清洗、教具的制作、班级的卫生清理等，这些都为幼儿的入园过渡环节提供了最基本的物质保障。

三、试试这样做

1. 入园问早：哆、咪、咪

很多幼儿园中，教师对幼儿的问早往往流于一种形式，如"×××，早上好"。教师晨间对幼儿的问候不仅要热情亲切，也要新颖有趣。教师站在教室门口用一首简单的欢迎曲来问候每一个到园的幼儿，不仅可以让幼儿心情愉悦，还能让他们感受到老师对自己深深的爱以及自己对老师、对整个班级而言的重要性。

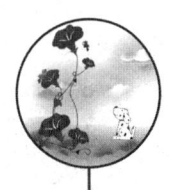

活动准备

教师笑容真诚,态度热情饱满。

活动实施

教师可借鉴幼儿非常熟悉的歌曲曲调,重新填词。

(1) 改编《新年好》,如下:

> 早上好呀,早上好呀,
> ×××呀,早上好!

(2) 改编《一二三四五六七》,如下:

> 一二三四五六七,我们的×××在哪里?
> 在这里,在这里,我们的×××在这里!

(3) 改编《头发、肩膀、膝盖、脚》,如下:

> ×××,×××,快快来,快快来,快快来,
> ×××,×××,快快来,我们大家欢迎你!

活动建议

教师可以根据不同的儿歌进行歌曲改编,在用歌曲欢迎幼儿的同时千万不要忘了给他们一个大大的拥抱或是配以其他友好的动作。教师要尽自己最大的可能让幼儿体会到愉快与美好,使温暖和感动永驻幼儿心灵。

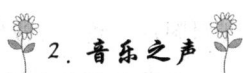

2. 音乐之声

早上,在幼儿来园后和开展集体活动前这段时间,可以为幼儿播放各种古典音乐如巴赫、莫扎特、海顿、贝多芬、舒伯特等大师创作的音乐,让音乐之声缓缓流淌在孩子的心间。音乐之声时间,可以为幼儿带

来愉快的音乐体验,帮助他们稳定情绪,从而开始愉悦快乐的一天。当然,在一天中的任何时候,为了给幼儿营造一个积极的学习环境,教师都可以播放各类与活动相匹配的音乐。下面仅以莫扎特音乐为例。

活动准备

材料很简单,一些莫扎特音乐的 CD 和 CD 播放机就可以。

活动实施

- 当幼儿进入教室后,播放莫扎特等人的曲子作为背景音乐。
- 集体活动时间,询问幼儿在他们刚刚进入教室时,是否发现不同寻常之处?之前是否听过这样的音乐?
- 告诉幼儿:"刚才听到的音乐是由莫扎特创作的,并且有研究表明经常听这样的古典音乐,有助于我们的大脑更好地工作。"
- 之后,每天在幼儿来园时都播放古典音乐。

活动建议

当幼儿听过一段时间的莫扎特音乐之后,教师要尝试着去寻找其他类型或风格的音乐。当幼儿来园的时候,可以播放爵士乐、乡村音乐、自己民族的音乐等给幼儿听,看看是否会影响幼儿的行为,并邀请幼儿谈谈不同类型的音乐带给他们什么样的感受。在一日生活其他过渡环节,教师也可以播放此背景音乐,一直到幼儿不再有兴趣听为止。

当幼儿熟悉了这样的流程后,可以邀请他们参与讨论并投票选择播放什么类型或风格的音乐、具体选用哪个音乐家的曲子、谁来播放等,并尽力鼓励幼儿自己去收集音乐并自己播放。

3. 匹配游戏

这是一个可以激发幼儿对图片、数字、汉字认知的趣味游戏,能很好地培养幼儿的阅读能力。幼儿通过亲自操作能掌握自我信息,如"我的姓名""我的照片""我家的电话号码"等,同时能以更有效的方式进行文字与数字的阅读学习。

活动准备

幼儿的照片，装有很多格子的布口袋，剪刀，纸条，马克笔，浅口的小纸盒。

活动实施

- 把每一个幼儿的照片都插在布口袋相应的格子里。
- 将纸条剪成约20厘米长，并在上面写上每个幼儿的名字。
- 把写有幼儿姓名的纸条放在小纸盒里，当幼儿走进教室时会发现盒子里有他们的姓名纸条，然后请他们把姓名纸条插入和自己照片相匹配的格子里。
- 根据幼儿的发展需要，拓展匹配的内容，可以引导他们将自己的生日、学号、家庭电话号码、家庭所在区域等和自己的姓名、照片相匹配（见图1.2）。

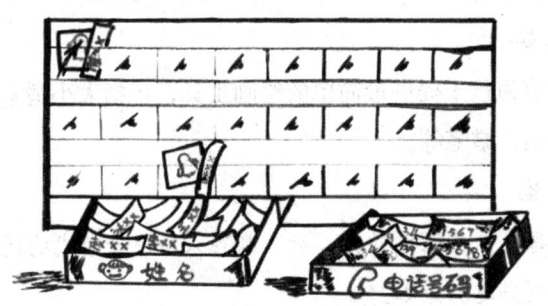

图1.2

活动建议

幼儿按照来园先后顺序一一进行，教师要在旁边观察、指导，必要时提供支持。如果没有布口袋，可以自制硬度高一点的纸质口袋；如果没有幼儿的照片，可以请幼儿自己来画自画像，并且允许幼儿的个性化表征方式。中、大班的幼儿匹配的维度可以多样化，除了上面提到的内容，还有"我喜欢的……"（如水果、人物、动物、植物等，而且相应的卡片要求幼儿自己来剪来画）、"我以后想要当……""我的好朋友是……"等，教师要根据幼儿当时的兴趣和喜好不断调整。

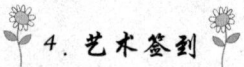 4. 艺术签到

艺术签到，就是让幼儿通过画画的方式进行晨间签到。艺术签到将打破以往幼儿签到时贴心情标签或是盖印章这一固有形式，它将提供一个更温馨、更自由的艺术表达空间，让幼儿通过艺术表征的形式记录下自己的心情、见闻、感受，再现自己最真实的内心世界以及生活经验。在这个时间里，幼儿被赋予充分的表达权利和自由，除了姓名、学号以及日期的书写外，他们可以画任何他们看到的、体会到的、想象到的事物而不受教师的干涉和破坏。幼儿在入园时的艺术签到，可以很好地帮助他们宣泄情感并传递有益的生活经验，积攒正向的、积极的情绪以开始美好的一日生活。

活动准备

教师只需为孩子提供最简单的绘画工具，包括大小适宜的纸张、水彩笔、勾线笔、蜡笔等。

活动实施

● 对于每一个入园的幼儿，教师都可以采用开放式的问题激发他们的签到兴趣。比如：

"今天你有什么特别的事情想和大家一起分享吗？"

"你今天这么开心，能告诉大家是什么事情吗？"

"在来幼儿园的路上，你看到了什么，想到了什么？"

"最近在幼儿园最让你难忘的事情是什么？"

……

● 在幼儿签到的时候，教师不要干涉幼儿之间的交流与对话，这是他们重要的分享时间。在幼儿签到结束之后，教师要将幼儿对自己作品的描述记录下来。图1.3、图1.4均为幼儿在艺术签到中的作品，上面都配有教师的文字记录。

图 1.3

图 1.4

活动建议

教师应尊重幼儿特有的艺术表征能力以及需求，在幼儿的整个绘画过程中都不需要强行干涉与介入。当幼儿绘画结束的时候，教师只需倾听并帮助幼儿记录绘画内容即可。对于中、大班的幼儿来说，他们完全具有自由绘画以表达自我情感、心智的能力，教师只要给予他们轻松自由的创作机会即可；而对于托、小班的幼儿来说，他们运用视觉艺术进行表征的能力不足，教师应尽量提供小一点儿的纸张以及易于涂鸦的油性画笔。待一个学期结束之后，教师可以将幼儿的所有签到作品制作成一本小书，供幼儿欣赏及回忆。

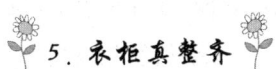

5. 衣柜真整齐

幼儿一踏入幼儿园，就意味着独立成长的开始。所以在幼儿入园伊始，引导他们做一些力所能及的事情，如脱换衣服或鞋子、整理自己的衣柜、折叠衣服、摆放鞋子等，都可以很好地培养他们的独立生活能力，并能有效地帮助他们树立自我管理、自我整理的意识。

活动准备

在幼儿还没有形成任务意识之前，教师要多次提醒。适当的时候，可以使用图标提示孩子。

活动实施

- 带领幼儿参观衣柜，一起讨论整齐的衣柜和乱七八糟的衣柜会带给自己什么样的感受。
- 和幼儿一起讨论怎样整理衣柜又快又整齐。
- 和幼儿一起讨论什么先放、什么后放、怎样放，然后将讨论结果用"衣柜整理流程图"标示出来。
- 请每个幼儿都来试试，整理自己的衣柜，并哼唱儿歌《小小衣柜》。

小小衣柜

小小衣柜，外套先放，
围巾、帽子依次躺好，
小小鞋子最后放，
整整齐齐，小门关上。

活动建议

教师可以举一反三，引导幼儿开展其他类似的自我整理活动，如叠衣服、穿鞋子、系鞋带等。不过，不同年龄段的幼儿，对他们的要求不同。对于托、小班幼儿来说，只要做到会整理、会收拾就行；对于中、大班幼儿来说，除了会收拾外，还要求收拾得必须整整齐齐才行。与此同时，教师要提醒家长在家也要给幼儿提供整理和清扫的机会，鼓励幼儿的独立自主行为，最终帮助幼儿养成良好的生活自理习惯。

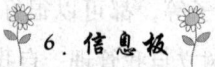

6. 信息板

所有幼儿到园后，请他们在信息板前集合。教师采用图文并茂的方式写下信息，让具有不同读写水平的幼儿都能读懂它们。从信息板中，幼儿能了解即将发生的特别事件、当天的任务、教室里新添的材料以及

有可能到访的参观者。当幼儿了解了目前班级中要解决的问题，他们就会参与讨论并为问题的解决做着思维与行为上的努力。所以信息板不仅为幼儿的语言发展（信息的阅读与解读）提供了良好的机会，更为幼儿创设了一种可贵的集体氛围。

活动准备

每天教师来园后的一项重要工作就是更新信息板，并保证在幼儿还没有全部到齐之前完成此项工作。

活动实施

在晨间信息时间，教师位于信息板的旁边，逐一帮助幼儿理解信息板上的内容。信息板上的内容可以是班级已经发生的或即将发生的事件，也可以是幼儿感兴趣或特别关注的事情。

活动建议

信息板其实类似社区的信息公布栏或广而告之栏，只不过这里的信息板面对的是幼儿群体，只能采用幼儿能理解的方式呈现。针对中、大班的幼儿，教师可以适时地请他们通过阅读信息板上的相关内容来说一说自己看到的或知道的，教师在一旁给予补充或引导，最终培养幼儿自主表达的勇气与能力；针对托、小班的幼儿，信息板内容应尽量简洁并固定采用同一图标，直到幼儿完全认识和理解。

7．心情温度计

幼儿到园后，教师可以请他们根据自己的心情将表示不同心情的"温度计"或心情牌插在相对应的颜色袋、姓名袋或学号袋内。通过这种直观形象的方式，不仅可以培养幼儿对情绪的认知能力，还能很好地帮助幼儿掌握调适情绪的能力。

活动准备

教师自制的"心情温度计"或各种心情牌，颜色袋，幼儿的姓名牌、学号牌。

活动实施

教师自制的"心情温度计"通过不同颜色的渐变效果来表示不同的心情指数，比如，黄色表示开心，随着黄色变浓或变浅，开心的程度逐次增强或减弱。幼儿根据自己真实的心情感受将代表不同心情的温度计或者颜色牌插入颜色袋里。当然在教育实践中，不同的教师会提供不同的方式让幼儿来表达自己的情绪。比如图1.5中，幼儿选择了与学号相对应的温度计后，用红色蜡笔在温度计上标明自己的心情指数，该班级教师将幼儿的心情指数分为伤心、非常伤心、开心、非常开心四个等级。再比如，图1.6所示的是幼儿将自己自制的心情牌分别插入自己的学号袋内。

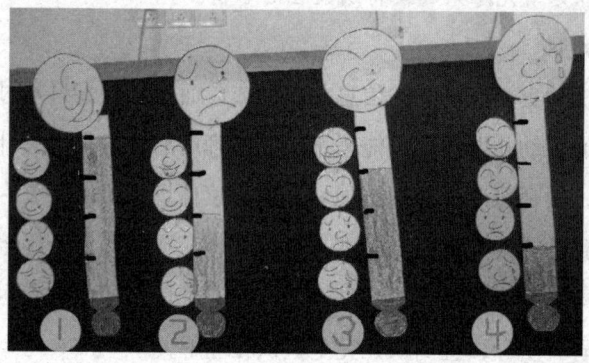

图1.5

图1.6

活动建议

有关"心情温度计"的制作，教师可以根据幼儿的能力水平，独立制作、师幼共同制作或者幼儿独立制作，充分地给予幼儿创意表达和展现自我的机会。在开展这个活动时，教师可以观察幼儿的行为表现，对不能很好地认识自己心情的幼儿予以引导。比如，"你现在感觉怎么样？你为什么会这么高兴（伤心、兴奋等）？"在帮助幼儿明确自己的情绪之后，可以开展相应的活动帮助他们调节、释放自己的情绪。比如，鼓励幼儿从事自己喜欢的活动，在安静区域待一会儿，和同伴说说悄悄话，等等。教师也可以创设一个"心情吧"，让幼儿适时且安全地进行情绪发泄，以逐步培养其情绪的自我管理能力。

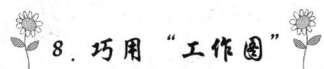

8. 巧用"工作图"

幼儿社会性发展的一个指标就是亲社会行为的形成，包括具有一定的集体责任感以帮助老师或同伴做一些简单的班级整理或其他服务工作。教师可以采用转动"工作图"的方式，合理公平地为晨间入园阶段的幼儿分配一些任务，这样不仅可以有效地保障班级每天都有人进行整理工作，还可以鼓励幼儿尽力为集体做贡献，养成良好的公共服务意识。

活动准备

工作图一幅。

活动实施

教师通过转动"工作图"来决定每个幼儿的具体工作安排。转到谁，谁就去实施相对应的工作。"工作图"样式具体如图1.7所示：

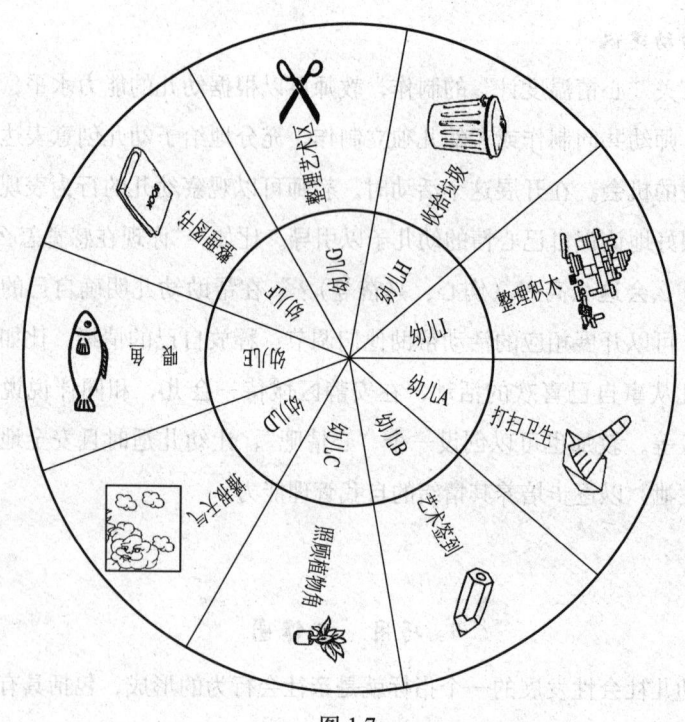

图 1.7

活动建议

教师一开始使用"工作图"时,可以征得幼儿的同意,只将愿意从事工作的幼儿姓名放至图中。随着愿意从事工作的幼儿人数增多,教师可以将全班每个幼儿的姓名写入其中,以鼓励他们自主工作,提高其自理能力。如果幼儿不愿意从事被选到的工作,也可以和同伴协商自行调换。

9. 一起来劳动吧

幼儿的自理能力养成需要成人的支持与引导。晨间入园是培养幼儿自理能力最好的时间。对于那些自我整理活动已经完成又不想从事其他活动的幼儿,教师不妨建议他们多多为班级劳动吧。比如,帮助保育员

老师扫地、拖地、擦桌子、倒垃圾、给植物浇水或是帮助年龄较小或能力不足的同伴做整理活动，对每一个幼儿来说都是很好的劳动项目。这些活动不仅能锻炼幼儿的各类肢体协调能力，更重要的是帮助幼儿意识到为班级劳动是一件很光荣的事情。

活动准备

各类适合幼儿劳动的工具，如小抹布、小扫帚、小拖把、小簸箕、小水壶等。

活动实施

- 在幼儿实施劳动之前，教师要适当地组织一些教学活动，如"垃圾钻山洞""抹布旅行记""拖把变形记""劳动最光荣""谢谢值日生"等，帮助幼儿知道如何才能更好地进行劳动，并能简单地理解劳动的意义。
- 劳动过程中，教师应支持幼儿坚持自始而终的劳动行为，并对幼儿的表现进行描述性的鼓励。比如，教师可以描述自己看到的幼儿的劳动行为："我看到你把垃圾都倒进垃圾桶啦。看到干净的地面，小朋友的心情一定不错。"教师也可以帮助幼儿转述并明确自己行为的价值："自然角植物的叶子现在变得光亮亮的，你看起来非常地开心！"
- 如果班级把这些活动视为常规活动，建议教师建立一个"值日生风采瞬间"或"值日小明星"之类的专栏，鼓励幼儿进行持久性的劳动。

活动建议

这个活动完全是幼儿自主选择的，教师所做的是提供支持和鼓励他们坚持。让幼儿持久地喜欢一项劳动，劳动工具本身的适用性很重要。这就需要教师多用心，购买或制作一些适合幼儿使用的尺寸合理的小工具，如图1.8所示的小抹布、小扫帚、小簸箕等。

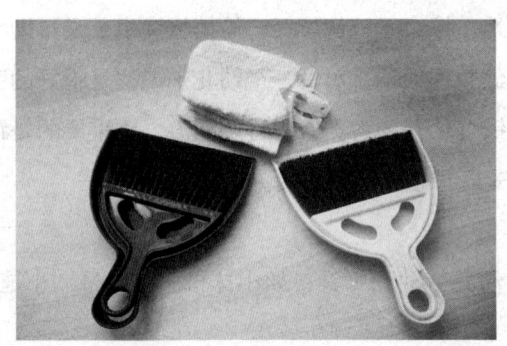

图 1.8

10. 随着音乐动起来

当教师想结束幼儿正在进行的晨间游戏或工作，要求幼儿及时快速地集合时，不妨试试这个方法。这一活动可以很好地引导幼儿感受并表现稳定的音乐节奏，在模仿动作与声音中感受节拍的速度与力度。最重要的是，音乐具有一种巨大的魔力可以很快地吸引幼儿的注意力。

活动准备

各种节奏感很强的民族音乐或西洋音乐，一些可用于拍打的乐器或物体。

活动实施

- 教师播放事先准备好的音乐，并随着音乐有节奏地拍打头、肩膀、双臂、膝盖等身体部位，边做边用有节奏的声音说："谁能跟我这样做，拍拍头、拍拍肩、拍拍双臂、拍拍膝盖……"教师边做这些动作边绕一个方向走，直到绕一个大大的圆圈。通过动听的音乐和教师的动作、语言，吸引幼儿快速地收拾玩具并尽快加入此活动中。
- 当幼儿围成一圈后，教师继续引导大家用稳定的节拍拍打身体的各个部位，在拍到相应部位的时候引导幼儿大声说出来。在这个过程中，教师要鼓励幼儿按照自己喜欢的方式拍打，如双手同步

拍打身体对称部位或左右手拍打身体不同的部位。
- 随后，教师可以视幼儿的兴趣程度，邀请他们选用一些乐器或身边的小物件（纸盘、小积木等）来拍打身体。

活动建议

教师在第一次采用此方法引导幼儿集中围成一个圆圈之前，建议还是组织一次相应的教学活动，至少要让幼儿具备一定的节奏感知力和动作的协调能力。当幼儿熟悉此活动后，教师可以不断地更换新颖有趣的音乐，或转变活动姿势，如由站姿到坐姿，由走势到跳势等，尽最大可能吸引幼儿的游戏兴趣。

11. 这是我的朋友

当所有的幼儿都围成一个圆圈坐好的时候，教师可以开展这项活动，让每一个人有机会介绍自己，让教师和幼儿彼此熟悉对方。这种方式不仅能很好地提升幼儿表现自己的信心和勇气，更重要的是易于建立一种和谐平等的班级氛围。

活动准备

师幼共同坐好手拉手围成一个圆圈。

活动实施

- 活动正式开始后，教师举起坐在自己左边或右边的幼儿的手，大声说："这是我的朋友。"这时，被举起手的幼儿要立即跟着说出自己的名字："我叫××。"
- 之后，被举起手的幼儿再举起坐在自己旁边的另一个幼儿的手说："这是我的朋友。"该幼儿也要学着前一个小朋友的样子大声说出自己的名字，并举起坐在自己旁边其他幼儿的一只手，说："这是我的朋友。"
- 如此按照一定的顺序进行下去直到所有的小朋友都介绍过自己。

活动建议

当该活动进行过一段时间，大家彼此很熟悉之后，教师可以引导幼儿举起旁边同伴的手直接说："这是我的朋友××。"针对中、大班幼儿，教师可以适当增加活动难度。比如，可以要求幼儿在说出自己名字的同时说说其他内容，如"我叫××，我最喜欢的事情（季节、朋友、天气、衣服、书籍等）是……"。

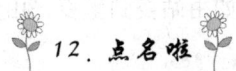

12. 点名啦

用一首轻松愉快的歌曲来点名是不是更有意思呢？尤其是这首歌中还能提到每个幼儿的名字，这是不是更能增强幼儿对自己名字的认知与认同感呢？如果师幼之间采用歌曲问答的方式来点名，幼儿又会有怎样的反应呢？原来点名的方式也可以如此的生动有趣！

活动准备

教师可以借用一些小乐器，如铃鼓、小碰铃、圆鼓板等。

活动实施

教师可以采用歌曲点名的办法，强调每一个幼儿的名字，也可以采用唱歌的方式和幼儿进行互动，帮助幼儿大声地说出自己的名字。所用的方法都是借鉴幼儿非常熟悉的歌曲，教师重新填词。

（1）借用《祝你生日快乐》(*Happy Birthday to you*) 的曲调，如下：

Good morning to you ,
Good morning to you ,
Good morning to dear ×× ,
Good morning to you !

（2）借用《伦敦桥要塌了》的曲调，如下：

××呀，在哪里，在哪里？（教师引唱）

>×× 呀，在这里，在这里，（幼儿应答）
>我在这里呀！

最后一句也可以根据幼儿的具体位置换成：

>我在你前面！
>我在你左边！
>我在你右边！
>我在 yy 旁！（yy 为另一幼儿名）

（3）借用《找朋友》的曲调，如下：

>我呀我呀我呀我，
>我到一个好朋友，
>我是××老师，你是谁？（教师引唱）
>我是×××。（幼儿应唱）
>我们一起，我们一起做朋友！（师幼齐唱）

活动建议

点名环节，教师可以根据实际情况创编或改编一些幼儿喜欢的歌曲，歌词内容尽量贴近幼儿的生活，如姓名、日期、天气、家庭成员等，以引导幼儿对周围世界的关注。

13. 秀秀我的小宝贝

这个活动能很好地提高幼儿的语言表达能力以及对事物的基本认知能力。

活动准备

教师提前一天和班级某个幼儿约定好任务，并请他带相应的玩具或材料到幼儿园。

活动实施

- 教师提前一天和班级某个幼儿说好，请他从家里带一件特殊的、与众不同的东西，可以是买的，也可以是自己做的，并要求他在第二天晨间谈话时向大家进行详细的介绍。
- 当幼儿表述时，教师可以从以下几个方面来引导："你带来的是什么？它很特别吗？它特别在哪里？你可以展示给大家看一看吗？"

活动建议

当幼儿熟悉了这样的活动形式后，就逐渐增加"秀一秀"幼儿的人数，最终让全班幼儿都能带一样自认为很特别的东西，并请他们说出充分的理由。即使是幼儿穿来的衣服，只要理由合理都可以认同他的观点，即"你带来的东西的确是独一无二的"。

14. 小小新闻播报员

利用幼儿晨间来园时间组织播报活动，不仅能很好地锻炼幼儿的语言表达能力，更能培养幼儿对周围世界的关注能力，引发他们对社区、国家文化以及事件的关注意识。

活动准备

教师提前一天和班级某个幼儿约定好第二天由他来当新闻播报员。

活动实施

- 教师提前一天和班级某个幼儿说好，请他回家与爸爸妈妈一起收集有意义或有趣的新闻。新闻内容可以是报纸上的新闻，也可以是自己和家人一起写的有关家庭的趣事、班级的轶事等。
- 当幼儿在集体前播报后，教师可以引导其回忆新闻内容："你今天给大家带来的是什么样的新闻？"
- 请全班其他幼儿对"新闻播报员"进行评价："从这个新闻中你

们知道了什么？大家喜欢这个新闻吗？为什么？"

活动建议

教师要定期举行这项活动，并且一定要争取家长的支持和认同。教师应事先与家长协商好，并在幼儿播报结束之后及时反馈给家长。在播报活动开展一段时间之后，教师尽可能引导、鼓励幼儿和家长一起把班级、幼儿园发生的事情编成新闻讲给大家听。

15. 演一演，猜一猜

这个活动可以很好地提高幼儿的角色表演技能以及社会交流能力。活动所需的猜测技能作为幼儿问题解决能力的一个重要方面，能够很好地唤醒幼儿的思维意识，可以将幼儿激发到最佳精神状态，为下一个学习环节做准备。

活动准备

教师事先和班级某个幼儿约定，由他第二天来进行表演，并且请他当晚做好各项准备工作。

活动实施

- 在活动开始之前，教师要向全体幼儿解释："将有一个小朋友给我们表演，而且这个表演是他前一天精心准备的，请大家猜一猜他表演的是什么。"教师的引导语一定要充满神秘感，只有这样才能激发幼儿猜测的兴趣。

- 如果要想让此活动更有趣并能长期坚持下去，教师可以引导参与表演的幼儿围绕当前的课程、绘本、节日、动物、人物角色等主题进行表演的准备工作。比如，万圣节时，幼儿可以表演巫婆、幽灵；春节时，可以表演舞龙、舞狮者；还可以表演各种动物形象以及与各个主题相关的生动有趣的其他形象。基于平等的原则，教师要给每一个幼儿提供表演的机会。

活动建议

这种"我演大家猜"的活动适用于中、大班幼儿，因为它需要幼儿对事物的良好感知力以及综合认知能力。对于托、小班幼儿来说，表演和猜测的内容可以更简单一点，比如，做一个表情猜猜心情，表演一个动作猜猜它是什么，等等。

四、温馨小贴士

在幼儿园的晨间接待环节，教师的工作首先要做"细"，尤其对入园幼儿的当前情绪，要给予细致入微的观察和关怀。具体说来，在来园接待环节，教师要能准确地叫出幼儿的姓名以及接送人称谓，并且要仔细记录家长的嘱托并及时和配班教师、保育员进行沟通和协调，不能忽视任何一位家长的叮嘱或要求。在整个入园接待活动中，教师要以组织幼儿活动为主，以和家长沟通为辅，要把更多的精力放在幼儿的身上，关注幼儿当前身体是否适应以及情绪是否稳定，能否以积极的态度参与教师组织的各种晨间活动等。

在晨间谈话阶段，教师组织的活动要在"趣""益"两个字上下工夫。"趣"，意指教师能以有趣的方式让幼儿集合坐好以开展晨间谈话活动，或促使幼儿乐于介绍自己并认识他人，或保证幼儿始终如一、兴趣盎然地参与晨间谈话活动。所谓"益"，是指教师所组织的晨间谈话活动要能真正地促进幼儿的各种思维力、想象力、社会感知力的发展与提高。在这个环节，教师一定要尊重每一个幼儿，不仅要尊重他们游戏的权利，更重要的是尊重他们的发展规律和水平，让每一个幼儿平等地参与到各个活动中，使他们感觉到自己是班级中的重要一员。

要想做到晨间入园环节的"细""趣""益",对于每一位教师来说,既要经历教学技能上的挑战,又要接受理念上的挑战。可见,晨间入园环节不仅蕴藏着孩子成长的契机,更为教师的专业发展提供了一个良好的平台。

所以,美好的一天,从此时开始,从教师的每一个行为开始!

第一章 晨间入园——美好一天的开始

第二章 户外中转
——来回途中的灵动

一、户外中转的价值阐释

古人云:"动则无疾。"意思是说,人只要运动就能预防和减少疾病,这说明了运动的重要性。《指南》中也明确提出:"幼儿每天的户外活动时间一般不少于两小时,其中体育活动时间不少于一小时。"由此可见,运动是幼儿身心发展的必然要求。

依据幼儿园课程制定的规则,幼儿一天当中会有晨间活动、早操、上午户外活动、餐后散步、下午户外活动共计五次的户外场地活动时间。因此,幼儿会经常穿梭于幼儿园的户外空间,流动于幼儿园的角角落落,这样的穿梭与流动成为幼儿园的一道亮丽风景线。就是这样一段来回的路程,它已经构成幼儿一日生活中一个重要的过渡环节,其特征为次数多、时间短、人数多、难把握。因此,如何发挥这样一个过渡环节的价值,让幼儿享受路途中的快乐,是幼儿教师必须慎重思考的问题。

本书将着重就幼儿户外活动去与回的路程进行深入思考与实践,改变来回路途中固有的模式(将幼儿排成长排,由教师带领至相应场地),让幼儿能够与途经的事物相互共鸣,能够在行进的过程中与同伴合作变换各种行进的方式,从而感受来回路上的快乐,带着轻松而愉悦的心情进入下一个活动。

二、户外中转的组织策略

案例1

集体教学活动结束,户外体育活动即将开始。邢老师提醒孩子们喝水、盥洗,孩子们边说笑边缓慢地根据老师的要求行动着。喝水区、水池边不时地传来嬉笑声、打闹声以及告状声。邢老师一边拿着自己的水杯喝水,一边维持着秩序。听到早操的音乐响起,邢老师急切地催促孩子们排队,然后带领孩子们急冲冲地下楼做早操。

案例2

户外活动马上要开始了,冯老师带着幼儿排着长长的队伍走下楼梯来到操场。"我们来玩玩走的游戏吧!"冯老师说完,她自己变换着各种走的方法,一会儿沿直线走,一会儿学螃蟹横着走……排在队伍前面的孩子见状模仿着老师的动作,而排在队伍后面的孩子却还在奔跑、打闹。

过渡环节是幼儿园一日活动中的"驿站",是活动间的中转与衔接。过渡环节的组织及实施应该做到自然合理,衔接紧凑,彼此兼容,灵活安排。而户外活动前后的过渡更是具有其自身的特点,包括过渡时间的短暂、过渡场地的流动性、过渡对象的趋向兴奋性、过渡形式的非正规性等,这些都决定了户外活动前后的过渡环节组织起来会比较"困难"。而上述两个案例只是户外活动前后过渡环节中最基本、最常见的现象之一,揭示了教师组织不当会造成安全隐患和教育价值的流失,不容忽视。下面,我们来看看在户外活动前后的过渡环节,幼儿教师会遇到哪些问题。

(1)认识不明确,欠缺教育意识,忽视教育价值。这一点表现为:

教师忽略户外中转环节的教育目标、教育指导和幼儿自理能力培养等内容。他们认为时间较集中的集体教学、区域活动等是幼儿园教育的重点，而短短的户外过渡环节只不过是一个中转的环节，是幼儿的生活环节、放松环节以及教师的"喘气""喝水""准备"环节。

(2) 形式乏味，缺乏趣味性和创意。很多教师在户外活动前后的过渡环节组织中，采用散步欣赏、边走边唱等形式，内容单一，形式千篇一律，缺乏创意。并且因为时间短，教师的语言平淡、简单，出现指令性语言与无语言提示两极倾向。

(3) 师幼角色定位偏颇，幼儿缺乏主体能动性。这一点表现为：教师高度控制过渡环节的场面，幼儿表现为"老师说，我做"。"我们一起学习高人、矮人走吧。"教师说完领着幼儿边做动作边走向户外场地。这一幕在幼儿园十分常见。

为了优化幼儿园户外活动前后的过渡环节，教师可以尝试使用以下策略：

(1) 把握中转适宜性原则，实现有效过渡。过渡环节是教育工作者实现下一个教育活动目标的前提，也是上一个教育活动的延伸。教师应该转变观念，充分认识户外体育活动前后的过渡环节是一种独特的，同其他环节一样有重要教育意义的教育资源，它连接着正规的集体活动与开放的户外体育活动。那么如何实现过渡环节的适宜性和有效性呢？这就要求教师必须考虑前后两个活动的需要和衔接。集体教学活动相对比较严谨，因此在过渡环节需要给幼儿放松和自由自主的时间；而户外体育活动相对宽松、运动量大、重探索实践，要求幼儿在过渡环节保存体力，所以教师需要在两者之间寻求平衡，寻找适宜的过渡内容与策略。适宜的户外体育活动前后过渡环节表现为非正规、宽松自由、以幼儿为主、秩序与创意兼顾等特点。

(2) 尊重幼儿的自主调节能力，自然过渡。幼儿园教育要确保幼儿能够获得足够的发展空间和发展机会，具有一定程度上行动的自主性和自由选择的权利。户外活动前后的过渡环节是一个相对宽松的环节，在

保证安全和基本秩序的前提下，应允许并鼓励幼儿自主选择不同的途径、不同的游戏形式，选择适应和调节的方式。这种自主调节，一方面给了不同个性的幼儿充足的空间，使他们能够得以表现和发挥自己的能力；另一方面，它也从根本上改变了"过渡"一词的含义，使它由人为的过渡转变为自然的过渡。比如，在户外体育活动前后的过渡中，教师引导幼儿自主探索行进的路线，收集幼儿提出的适合在行进途中开展的游戏，鼓励幼儿自发组织游戏和探索，等等。因此，在户外体育活动前后的过渡环节中，活动形式应以游戏为主，幼儿自愿参加，营造轻松、自然的氛围，这样幼儿将获得自由放松的心态和无穷无尽的创意能力及爱探究、爱表现的非智力因素的发展。

案例

在有序的生活活动后，孔老师大声宣布："孩子们，又到了我们去操场活动的时间了。这一次我们怎么出发，可以尝试什么呢？"孩子们纷纷提出建议，比如学习小动物进森林，走不同的路线看哪一组最先到达等。大家最后商量决定"走不寻常路"。孔老师把全班幼儿分成三组，简单画好路线图，分别由三位保健人员带队按路线出发。当孩子们先后来到操场上集合时，他们又激动又快乐，感觉就像经历了一次冒险。

（3）**鼓励幼儿创意管理，创意过渡**。过渡环节在整个相对比较正式的幼儿园一日生活中，是教和学空隙里的花絮，这花絮可以被积极地建设成为幼儿释放心理压力的空间，成为不同学习风格的活动之间的铺垫和过渡，它可以帮助教师和幼儿在一定程度上、在某些方面建立起积极的连续性和主体性。在户外体育活动前后的过渡环节，教师可尝试创意管理，下放权限，将管理的责任还给幼儿。比如，"我的规则我做主"——幼儿制定游戏规则并管理规则等；"我的路线我做主"——幼儿规划路径，探寻不同的捷径，走不寻常的路；"我的游戏我做主"——幼儿商量确定游戏内容，如各种各样的走、不同任务的观察等。同时，

教师可以组织幼儿成立"喜洋洋策划队"收集过渡环节的金点子，让简单、枯燥的下楼行进成为自然、自主、快乐之路。

案例

这是 K 园的周五活动时间，大（2）班的孩子们正在商量并收集户外活动前后过渡环节的金点子呢。几乎每个孩子都提出了自己的创意，"喜洋洋策划队"成员根据小伙伴们的建议以绘画的形式制作了下一周的该过渡环节计划。这样的形式，调动了所有孩子的积极性、主体性，他们都是活动的管理者。在下一周，孩子们就会根据活动内容和形式，跟着"喜洋洋"队长开展快乐又富有创意的过渡活动。

（4）遵循融合原则，打破过渡界限。 过渡环节对于幼儿的一日活动来说是边缘性的、不稳定的，从时间上来说也是非常短暂的，经常界于两个活动之间。因此，教师需要采用弱化的方法来处理过渡环节，即将集体活动从高结构转化为开放的、低结构的活动，使前一活动顺利、自然地过渡到后一活动中去，使过渡环节与其他活动没有明显的区别。在弱化前面的集体教学活动的同时，教师也可以将过渡环节融入户外体育活动的前奏，打破原本严格的时间进度表，增加弹性时间。以上方式"模糊"了环节的边界，使前后环节适宜地延长或弱化，这样不仅可以给幼儿自由活动和释放个性的空间，也能为教师实现教育价值、灵活开展户外活动提供机会和时间。这种方式给予了幼儿和教师自主权，有利于师幼的自主调节，真正使环节顺利、自然地过渡。

案例

"孩子们，刺猬妈妈要带你们去郊游了！"户外体育活动时间到了，马老师对孩子们说。孩子们在马老师的带领下，前往户外活动场地——操场。"秋天的幼儿园真美呀！你们都看到了什么？对了，有绽放的菊花，还有在风里跳舞的树叶……""刺猬妈妈"马老师带着宝宝们一路欣赏着景色,来到幼儿园的操场。"哇,你们看那边树上还长了果子呢,等一下我们锻炼身体,练好本领就去背果子。小朋友现在排成四排跟着音乐练起来!"就这样,在马老师的带领下,孩子们自然进入户外体育活动"小刺猬背果子"。

上面案例中,快乐、自主、富有创意的户外活动过渡环节以轻松、自然、有效的方法融入到一日生活环节,这与教师正确的教育观念和教育智慧分不开!同时,在开展活动时教师要记住安全第一,因为户外活动过渡环节具有流动性、场地的开阔性特点,所以教师应是幼儿的眼睛、耳朵、鼻子,时刻要看到、听到、嗅到安全隐患,通过检查、建议等不落痕迹地保护我们的孩子,为精彩的过渡活动保驾护航。

三、试试这样做

1. 争分夺秒运武器

当早操音乐在幼儿园的操场上嘹亮地响起来的时候,教师和幼儿就要准备出发去操场了。但因为时间比较紧凑,为了能够快速地到达操场,同时也为了培养幼儿的积极性和适当的紧迫感,教师最好创设一个游戏情境,如争分夺秒运武器。教师鼓励幼儿自发带好武器(早操器械)到达战场(早操场地),定点放好武器(器械),开始战斗(做早操)。想象幼儿在途中扛运"武器"雄赳赳出发的模样,一定是一件快乐而又无比新鲜的事情。

活动准备

幼儿知道自己的早操场地和早操器械的定点放置位置。

活动实施

- 音乐响起,作战警报拉响,教师立刻分配任务,有序地引导幼儿装运"武器"。

- 小小军人在司令（可由教师担任，也可以由幼儿担任）的带领下雄赳赳地冲向战场（见图2.1）。
- 到达战场后，迅速定点放好武器（见图2.2）。
- 等早操音乐响起就开始作战（做早操）。

图2.1

图2.2

活动建议

这个游戏更适合中、大班幼儿开展，一方面是因为中、大班幼儿有这种紧迫感和任务意识，另一方面是因为中、大班幼儿对于士兵的角色更能够理解与体验。另外，从安全上来说本游戏也更适用于中、大班幼儿，因为他们已经有了一定的自我保护能力。教师在分配任务的时候，要用自己的表情与语气充分激发幼儿对当士兵的自豪感，从而自发地完成任务。

2. 让歌声飘洒一路

人们大都喜欢美妙的音乐，喜欢唱歌，喜欢听歌，因为歌声能够带给人们一种精神享受。对于活泼的幼儿来说，歌声同样充满魅力。以往走路、走楼梯，孩子们都推推挤挤、吵吵闹闹，有一次教师无意中哼唱起了《拨浪鼓》，哪知这一唱却引发了孩子们的共鸣，他们人虽多，声音却是惊人的整齐。再看看他们排队走路的样子，没有了你推我攘的混乱景象，可见歌曲可以凝聚人心，让幼儿在与音乐的共鸣中愉快地行进。

活动准备

幼儿已经学会不少歌曲。

活动实施

- 排好队伍后，教师征求幼儿的意见，从而确定要歌唱的曲目。
- 教师起头唱歌，让歌声这条隐形的线吸引住每个幼儿，让每个幼儿的注意力都在歌曲的演唱上面。
- 在行进途中，幼儿还可以根据自己的喜好点歌，点歌成功后，大家一起边唱这首歌边行进（见图2.3、图2.4）。
- 教师还可以引导幼儿根据看到的不同风景即兴创编歌曲，一起唱起来走起来，让歌声飘洒一路。

图2.3　　　　　　　　　　　图2.4

活动建议

针对小班幼儿，以教师领唱为主；到了中、大班，可以让幼儿自主选择歌曲齐唱。教师还可以根据歌曲性质的不同来决定行进的速度。比如歌曲是柔和的，幼儿就可以走得慢一些；歌曲是欢快的，幼儿就可以走得快一些。在歌唱形式上，也可以有变化。比如，对于《拨浪鼓》这首歌曲，幼儿可以分两队进行轮唱，男女声和音，也可以给歌曲配上动作，让幼儿边唱边舞动着行进。

3. "走钢丝"杂技表演

户外活动结束后回教室的这段时间还是比较充裕的,所以教师就不必十分着急地带领幼儿赶回教室,可以在途中做一些小游戏。很多幼儿园的操场上都会有一些线条,如跑道的线条等,因此教师可以组织幼儿玩行走的游戏,这不仅可以让回教室的路途充满趣味性,也是对幼儿平衡能力训练的有效补充。教师还可以创设一定的游戏情境,比如让幼儿担任杂技演员,练习"走钢丝"等,从而调动幼儿游戏的积极性。

活动准备

长短不同的绳子或橡皮筋若干根。

活动实施

- 利用幼儿园场地上已有的线条,或者用绳子、橡皮筋等在场地上拉成一条直线。
- 教师进行角色引导,告诉幼儿游戏的规则。
- 教师表演"走钢丝":双脚在线上行走,行走时身体保持平衡。
- 幼儿根据自己的爱好在长短不同的"钢丝"上行走(见图2.5)。
- 教师将绳子摆成曲线,幼儿可手拿器械走"钢丝"。

活动建议

教师可以根据不同年龄段幼儿在平衡方面的要求不同,调整游戏的难度。比如,针对小班幼儿,线条以直线为主,而且可以稍微短一些;针对中班幼儿,可以变换线条的形状,比如增加曲线等,以提高挑战的难度,也丰富了游戏的情境;到了大班,在改变线条形状的基础上,幼儿还可以手拿器械,让游戏更加多元化。

图 2.5

4. 变化路线走

幼儿园里有很多体育设施，或者景观小路，如石子路、石块路、轮胎路等，而这些丰富的设施都可以成为幼儿活动的场地，使幼儿体验在不同设施上走路的感觉。所以，教师需要有敏锐的眼光，为幼儿设计行进的路线，让这些路线都能成为幼儿来回教室和活动场地的趣味载体。

活动准备

幼儿熟悉幼儿园里各种不同材质的小路。

活动实施

- 观察各种小路，知道在每一种小路上行走的要求。
- 通过幼儿自主报名、同伴推选及教师指定等方式，选出每一条小路上的领头人，教师引导幼儿了解领头人的作用以及游戏的规则。
- 领头人带领幼儿通过各种小路，变化路线走（见图2.6、图2.7）。
- 在行进过程中，幼儿可以变化速度、跨步幅度，也可以创设不同的情境，让行走充满各种变化。

图2.6

图2.7

活动建议

教师应充分观察幼儿已有的设施，发掘更多的"小路"，并排除安全隐患，使这些"小路"成为幼儿来回途中的游戏之地。在幼儿行进过程中，教师还可以配以轻重缓急不同的音乐，让幼儿在不同的音乐中变化路线和步调，使走路变得趣味十足。

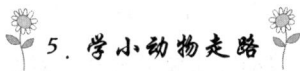

5. 学小动物走路

去户外活动的路上，幼儿急匆匆行走，或是教师赶鸭子上架，或是漫无目的地游荡，这都不是我们想要的。为了使幼儿感受走路时的快乐，教师可以创设一个学动物走路的情境，让幼儿模仿自己所熟悉的一些小动物走路的动作。

活动准备

幼儿事先已熟悉一些动物走路的动作。

活动实施

- 教师创设情境："一天，太阳公公爬得高高的，小动物们都出来晒太阳了。"
- 师幼一起边念儿歌边学小动物走路（见图2.8、图2.9）。儿歌内容如下：

> 小兔子走路跳呀跳呀跳，
> 小鸭子走路摇呀摇呀摇，
> 小乌龟走路爬呀爬呀爬，
> 　小花猫走路静悄悄。

图 2.8

图 2.9

- "嗷呜……"教师学大灰狼叫,然后对幼儿说:"大灰狼来了,小动物们快快屏住呼吸做一个造型,大灰狼就不会来抓你了!"

活动建议

五禽戏,就是古人模仿虎、鹿、熊、猿、鸟的动作和神态而创编的一套强身健体方法。学习动物走路的姿势,对幼儿同样有好处。比如,像企鹅一样"钟摆式"走路时,上肢和下肢绷得紧紧的,有利于四肢血液循环,而身体随步伐左右摆动,可增强平衡能力。教师可以根据幼儿的年龄段和发展水平指导幼儿学习更多不同动物的走路动作。

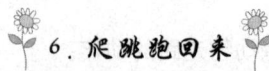 6. 爬跳跑回来

爬一爬、跳一跳、跑一跑都是幼儿园孩子喜欢做的事情,那么为何不在枯燥的行进中允许孩子们做自己喜欢做的事情呢?教师可以通过创设情境让幼儿做侦察兵,爬过障碍、跳过小河、跑回自己的营地,带回敌军的消息。

活动准备

跳绳,沙包。

活动实施

- 户外活动结束后,引导幼儿利用手上的跳绳、沙包等简单器械进行游戏场地的布置。
- 小小侦察兵先曲线爬过沙包障碍,再跳过用跳绳设置的宽度不一的小河(见图2.10)。
- 小小侦察兵加速跑回教室,把获得的敌情成功带回营地。

图 2.10

活动建议

在游戏场地的布置上可以由幼儿自己进行,既让幼儿有成就感又有自主性。由于每次户外活动带的器械不同,因此教师可以根据器械的特性进行不同情境的场地布置,让幼儿开展不同难度的爬、跳、跑活动。

7. 火车开来了

在地上画上或摆上一些线条,让幼儿踩着线走,幼儿的注意力会非常集中,同时也有助于幼儿平衡能力的发展。非直线的线条还可以让幼儿的身体进行扭动,而有间隔的线条可以发展幼儿的跳、跨等各种动作。最终,让幼儿开心地到达目的地。

活动准备

在教室通往操场的路上画不同的线条,有直线、曲线、折线和有间隔的线条。

活动实施

- 幼儿一起观察路线,了解不同路线的行进方法。
- 幼儿选择不同的路线,排成一列小火车,采用不同的前进方法,向目的地前进(见图2.11、图2.12)。
- 结束后,幼儿可以一起分享行走的不同方法。

图2.11

图2.12

活动建议

本游戏主要关注幼儿沿线前进的能力,可以在任何一个年龄段开展,但教师应根据幼儿的年龄特点,适当调整活动难度。比如,小班幼儿以"走"为主;中、大班幼儿可以结合跑、跳、跨等各种方式前进,有一定的挑战性,幼儿会玩得更加开心。

8. 我是侦察兵

在活动中设置游戏情境可以增强幼儿的参与兴趣。对于解放军这一角色,孩子们总是充满了无限的崇敬之意。让一个幼儿扮演侦察兵先行,回来"报告"情况,再带领其他幼儿前进,这样的形式可以帮助幼儿增强自信心,培养他们独立处理事情的能力和责任心,也能让幼儿全身心地投入到活动中。

活动准备

教师需事先考察场地,设置好障碍物。

活动实施

- 选择一名或者两名幼儿当侦察兵。
- 侦察兵独自前行探路。
- 侦察兵回来报告路况,并带领其他幼儿前进(见图2.13,图2.14)。
- 侦察兵讲讲自己的感受。

图 2.13

图 2.14

活动建议

本活动可以发展幼儿的任务意识,让幼儿在游戏中能有责任心地观察场地,同时也能在报告路况中,培养幼儿的记忆力和语言表达能力。为使活动的目标得到更好的落实,建议该活动在大班开展。

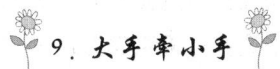

9. 大手牵小手

户外活动的时间一到,各个班级的幼儿都开始准备出发了。为了使途中的时光变得更有趣,教师可以让大、小班幼儿手拉手一起出去。大班幼儿在小班幼儿面前俨然一副大哥哥大姐姐的样子,也非常喜欢帮助小班的弟弟妹妹,他们拉着弟弟妹妹的小手,亲切地提醒弟弟妹妹要慢慢走,还会自发地带领小班幼儿一起去探索幼儿园里有趣的事物。

活动准备

事先联系好合作的班级。

活动实施

- 提前一两天联系好结对的班级,向幼儿进行活动介绍。
- "大小朋友来结对"。大哥哥大姐姐和弟弟妹妹进行一对一或二对一结对,相互认识、熟悉。
- 完成结对的幼儿在保证安全的情况下一起走向户外活动的场地,手拉手分享趣事,一路欢声笑语(见图2.15)。

图 2.15

活动建议

无论是大孩子还是小孩子，他们都非常愿意彼此手拉手一起外出、一起游戏，这项活动会让户外途中变得妙不可言。教师在组织的过程中首先需要考虑邻班的原则，这样方便组织。在手拉手的过程中，一开始幼儿之间比较陌生，可以由教师来协助完成结对。随着幼儿之间彼此的熟悉，之后就可以让幼儿自由选择结对，可以让哥哥姐姐来选弟弟妹妹，也可以让弟弟妹妹来选择哥哥姐姐。这种户外中转的温情时刻既可让户外途中充满生机，同时也是幼儿社会性发展的一种有效途径。

10. 你问我答乐无穷

口头游戏不受场地、人数、材料和时间的限制，它能使幼儿在较短的时间内经过思考、判断，然后用语言表达出来，从而达到培养幼儿的注意力、记忆力、思维能力和口语表达能力的目的，这类游戏也适合在幼儿户外活动回来或散步时使用。

活动准备

幼儿事先有问答歌的一些储备。

活动实施

● 在行进的路上，师幼一起唱《问答歌》，教师问幼儿答。比如，教师问："小朋友，什么圆圆红彤彤？"幼儿答："太阳圆圆红彤彤。"

问 答 歌

什么圆圆红彤彤？太阳圆圆红彤彤。
什么圆圆响咚咚？小鼓圆圆响咚咚。
什么圆圆蹦蹦跳？皮球圆圆蹦蹦跳。
什么圆圆空中飘？气球圆圆空中飘。
什么虫天天忙采蜜？什么虫爱穿花衣裙？
蜜蜂天天忙采蜜。蝴蝶爱穿花衣裙。
什么虫飞行像飞机？什么虫提只小灯笼？
蜻蜓飞行像飞机。萤火虫提只小灯笼。

- 问答的角色可以根据游戏需要进行调整。
- 《问答歌》中的内容也可以是即兴生成的，有利于发展幼儿的思维能力。

活动建议

这个游戏不仅能丰富幼儿的知识，还可运用类似联想记忆法扩大幼儿记忆的广度，发展幼儿的思维能力。该游戏适合各个年龄段开展，教师只要控制好问答歌的难度即可。更多时候教师应鼓励幼儿创编，不同幼儿给予不同的回答会更显趣味性和挑战性。

11. 今天我是排头兵

在户外中转的过渡环节中，以往都是教师在前头带着幼儿走，这个游戏一改教师为主体的现状，让幼儿来当排头兵，把自主权还给幼儿，让幼儿根据自己的喜好选择不同的路线。教师则可以走在队伍的后面或者旁边，扮演及时调整的角色。这样的"跟走"方式可以使教师更好地贴近幼儿，根据他们的表现及时做出反馈。比如，队伍中有人掉队了，或者"小火车"出现断节了，教师马上可以帮助这些幼儿迅速跟上。

活动准备

提前选好带头的幼儿。

活动实施

- 在户外活动之前或者活动结束之后，选出排头兵。
- 小小排头兵选择当天的排队方式和路线。
- 小小排头兵可以自由地带领同伴走不同的路线，到达自己感兴趣的目的地进行活动。
- 小小排头兵可以自由创设情境引领同伴进行游戏。

活动建议

关于"谁来当排头兵"的规则制定,教师可以根据幼儿的不同年龄段特点加以调整。比如,大班幼儿可以自己讨论制定规则,中班幼儿可以按学号轮流或者抽签决定,而小班幼儿可以在第二学期尝试一下这个活动。对于活动中的强度和时间的把握,教师要及时提醒小小排头兵。

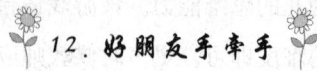

12. 好朋友手牵手

几个喜欢玩在一起的小伙伴,往往有共同的语言和爱好。和好朋友在一起,孩子们会有商有量,讨论自己感兴趣的话题,路途会变得更有趣。

活动准备

事先熟悉幼儿园的各种环境。

活动实施

- 幼儿自由选择几个小伙伴,组建"今日牵手小队"。
- 组队完成的幼儿相互商量,自由选择路线,在保证安全的情况下自由地行走到目的地(见图2.16)。
- 达到目的地后,幼儿一起分享路途中的趣事。

图 2.16

活动建议

建议该活动在中班下学期或者大班开展,一方面是因为中、大班的幼儿有了较好的自我保护能力,另一方面是中、大班幼儿的社会性发展相对较好,在班里都有自己的好朋友,而平时经常按学号排队很少有机会自由地跟好朋友手拉手。

四、温馨小贴士

在户外体育活动前后的过渡环节的组织中,幼儿教师应该注意以下问题:

◆教师应充分发掘园所设施的价值,根据本园的特点寻找适宜幼儿活动的场地,丰富幼儿行进的路线。

◆排除行进过程中的安全隐患,为幼儿开辟既有安全保障又充满趣味性的行进之路。

◆发挥幼儿在途中的主动性,比如游戏的情境、游戏的角色等可以由幼儿来决定,教师起到引导与个别指导的作用。

◆在设计各种游戏的过程中,必须严格遵循各个年龄段幼儿的特点,尤其是动作发展的要求,使不同年龄段的幼儿有不同的行进路线和不同的行进要求。

◆户外中转介于集体教学与户外活动之间,因此必须遵循强度低的原则,运动量不宜过大,时间不宜过于拖沓,以免影响下一环节的教育任务。

第三章

一、课间过渡的价值阐释

课间过渡链接着两个活动，是集体活动有效开展的润滑剂和缓冲剂。有人把有效的课间过渡比作一根丝线，这根丝线把集体活动这一颗颗光彩夺目的珍珠串成一条美丽的项链。这条美丽的项链，让教育氛围变得温馨融洽，让教育活动处处绽放精彩。

课间过渡又是幼儿园各个过渡环节的中心轴，它虽然时间短暂，却是幼儿最愉悦的时光。孩子们可以在这段时间里自主地活动、自由地选择、随心所欲地畅谈，可以让紧张的心灵得到自由释放……课间过渡可以使幼儿产生积极的情感体验，有利于激发他们学习的激情，为下一个活动做好情感铺垫。课间过渡为教育带来的是延续与永恒，有力地促进了幼儿身心各方面的发展。

本章根据幼儿园课程安排，将课间过渡分为两种情况：一种是基于传统的课间过渡，就是两个集体活动之间的过渡，有点类似于小学的"课间十分钟"。在此课间过渡中教师要满足幼儿自我活动的需求，给予幼儿充分的自由、自主的空间，让他们在短暂的时段里得到身心的释放；另一种是幼儿园特有的课间过渡，即集体活动和游戏活动（区域活动）之间的过渡。这种课间过渡，教师要注意前后两个活动的性质，做到动静交替。如果在活动量较大的集体活动后再进行活动量较大的自主活动，是不适宜的。

在幼儿园的课间过渡环节，教师既要满足幼儿自我活动的需求，又要在自主的过程中帮助他们养成自我服务的意识，形成一种规则的内化，让整个教学活动形成一种自然、有序、和谐的氛围。

二、课间过渡的组织策略

案例1

中（3）班早上的第一个集体活动后，丽丽老师开始组织孩子们进行课后的活动。"请第1、2组先去洗手、小便，其他小朋友和老师一起来玩我们上次玩过的'一枪打几鸟'的游戏。"孩子们遵从着老师的安排进行着活动。有些孩子玩了一会儿觉得这个游戏不好玩，就开始坐在自己的位置上发呆；而去盥洗室的孩子却迟迟不肯出来。丽丽老师急忙一边催促盥洗室的孩子，一边要求活动室的孩子做手指动作。一会儿工夫，丽丽老师的嗓子吃不消了，她觉得带班太累了。

案例2

某幼儿园中（2）班语言活动后的下一个活动是"'小蝌蚪'水墨画"。语言活动后，王老师让孩子们自主地进行活动，而她自己则开始准备"'小蝌蚪'水墨画"的一些用具。孩子们做完课前准备（上厕所、喝水），几个调皮好动的孩子开始在教室里互相追逐，王老师一边提醒孩子不要跑，一边忙于手头的准备工作。只听"啪"的一声，她准备的墨水被孩子碰倒了，洒了一地。王老师手忙脚乱地清理着孩子的"杰作"，而下一个集体活动的时间则被迫延后了。

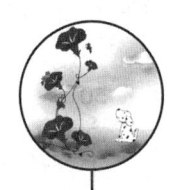

相对于一日生活其他时间段的过渡来说，课间过渡时间短、内容多，是最难把控的环节。在这段时间里，孩子们不仅要进行一些课前的准备工作，如盥洗、如厕、喝水等，为下一个活动做好准备，还要适当地放松自己，教师组织起来有一定的难度。有些教师为了更好地把控课间过渡，方便自我组织教学，就像案例1中的教师一样，在课间活动的组织管理中禁锢孩子自由活动的时间，随意安排孩子进行活动，影响了孩子的身心健康发展。还有一些教师为了更好地体现幼儿的自主、自由，采取放任不管的态度，比如案例2中，集体活动后孩子们在教室里跑来跑去，互相打闹，教室里一片混乱。这两种极端的课间活动组织都不利于集体活动的开展。针对课间过渡时间短、头绪多、组织起来难度大等特点，教师要从孩子的兴趣点出发，通过安排多种多样的自主活动和制定有序的规则，让课间过渡变得"活而有序"。

（1）**自由自主，创设宽松的环境**。课间过渡是幼儿自主选择、自由活动的最好时机，也是孩子们最渴望的时间段。课间过渡使孩子们从持续静坐、注意力高度集中的15分钟/20分钟/30分钟的集体活动中解放出来，让他们的精力和行为得到有效的调节。《幼儿园教育指导纲要（试行）》（以下简称《纲要》）中指出："要保证幼儿每天有适当的自主选择和自由活动的时间。"因此，我们应该为孩子创设宽松的环境氛围，允许他们以自由、放松和无拘无束的姿态出现。教师所要做的并不是放任孩子，而是在所创设的环境里，让幼儿自由地选择、自由地结伴、自由地活动。比如，在小班教室的一角开辟一个临时区角，投放孩子们喜欢的玩具、图书等。集体活动后，孩子们可以在临时区角里玩从家里带来的玩具。再比如，在教室的地面上画上不同的线条，让幼儿自由选择路线行走。孩子们还可以玩"跳房子"游戏，满足其动的欲望。请看下面两个案例中，哪位教师的做法是不适宜的：

案例1

某园小班集体活动后，孩子们安静地等待着老师的安排。教师一边点名一边安排孩子们活动："××、××，坐得最好，可以去解小便、喝水了。""××、××，还没有坐好。""我看看，谁坐得最好，老师就让谁先去。""解好小便的、喝完水的，请马上回来坐好……"只见没去的孩子坐得直直的，期盼着老师能叫到自己的名字，而回来的孩子则是绕了一大圈后才回到自己的位置上。

案例2

早上某园小（1）班的语言集体活动后，教师让孩子们自由活动。孩子们陆续地在区角里拿着自己带来的玩具玩了起来。有的孩子抱起了心爱的洋娃娃，说着一些悄悄话，有的孩子玩起了汽车，还有的孩子很安静地在角落里看着书……而那些没带任何东西的孩子，正羡慕地看着其他孩子玩。教师带领着他们来到"幸福之家"墙面前，让他们介绍自己的爸爸妈妈，夸夸自己的爸爸妈妈。只听这个说："我的爸爸最厉害了，我爸爸是警察。"那个又说："这是我的爸爸妈妈，我最爱他们了。"……

（2）过渡无痕，作为前一活动的延伸补充。在集体活动后，如果孩子们对这个活动还保持着高涨的情绪，那么在课间活动时教师可以对此加以延伸补充，以弱化课间过渡，使课间过渡与集体活动进行巧妙的链接。比如，美工活动后，孩子们可以继续相互欣赏作品，讲述作品内容；语言活动后，孩子们可以自主地分角色表演故事内容；区角活动后，孩子们可以自主地进行区角评价记录，等等。教师要善于挖掘每个集体活动背后可利用的价值和可延伸的内容，以集体活动的补充和延伸作为课间过渡，在深化教育教学的同时，让幼儿自我展现和大胆表达。这种以集体活动的延伸、补充来弱化课间过渡，使课间过渡变得无痕，

让孩子在自然、有序、激情的情况下再次学习的方式，极大地增强了集体活动的效果。请看以下两个案例中，哪位教师的做法是不适宜的：

案例1

中班科学活动"小猴翻跟头"结束后，孩子们对活动里的"小猴翻滚"还没玩够。教师为了开展下一个活动，无视孩子们想继续翻滚小猴的需求，将材料草草地收了起来，孩子们表现出一脸失望与不舍。

案例2

中班的科学活动"蛋宝宝站起来"结束后，教师请孩子们临时当"蛋妈妈"保护"蛋宝宝"不受伤。孩子们带着蛋，小心翼翼地进行着一些活动，有的拿来一块布把它包了起来，有的拿来纸盒子装了起来……第二个活动"装饰蛋"开始了，孩子们小心翼翼地将蛋拿了出来，看到自己呵护的蛋完好无损，他们感到无比自豪和幸福。

（3）**自然和谐，规则的暗示与内化**。课间过渡是培养孩子自我安排活动的有效契机。利用课间过渡时间进行合理的安排，有利于孩子秩序感、归属感的形成，也有利于班级良好规则的形成，从而使课间过渡变得"活而有序"。教师可以利用标记的视觉效果，提醒孩子该怎么做。比如，关于集体活动中椅子的摆放，教师在教室的地面做了"马蹄形"的标记或圆点提示孩子如何正确地摆放椅子。又如，在教室的书架或图书袋上贴有与图书一一对应的标记。课间过渡结束后，孩子们就可以根据标记把椅子摆放好，把书整理好……这样做能够提高孩子的自我服务能力，形成良好的课间活动常规。此外，教师还可以利用音乐培养幼儿做事的有序性，通过播放与活动性质一样的音乐，提示孩子该干什么了。比如，播放"加油干"的音乐来提示孩子们赶快整理好玩具，马上要进行集体活动了。

由此可见，通过标记和音乐的暗示，可以使幼儿潜移默化地内化规

则,让课间的整理常规变得和谐、自然,充分调动幼儿参与的主体性。请看以下两个案例中,哪位教师的做法是不适宜的:

案例1

第二个集体活动就要开始了,毛毛老师敲起了小铃铛——"叮铃铃……"孩子们听到这个声音,知道该归队了,于是急忙开始整理手上的东西,搬来自己的椅子围成一个马蹄形的样子坐了下来。毛毛老师看见有些玩具还没归位,就让玩过的孩子去整理。整理好后,又让孩子们站起来,把椅子摆整齐。有些孩子不会摆,经毛毛老师的提醒还是摆得歪歪扭扭,毛毛老师就重新帮孩子把椅子摆好。从整理玩具到椅子的摆放,毛毛老师一共花了十多分钟。

案例2

上午9点40分左右,中班的教室里传出一阵美妙的琴声,原来它在提示孩子们马上要进行第二个活动了。只见一部分孩子井然有序地收拾着玩过的东西,并仔细地按照标签将东西归位。还有一些孩子将椅子小心翼翼地对准地上的红线,很快整齐的马蹄形就出来了。教师看孩子们都做好了活动的准备工作,不紧不慢地搬来一把椅子,开始了活动。

(4) **动静交替,开展适宜与多样的游戏活动**。在课间过渡环节中,教师应把握与集体活动之间的动静交替原则。在此要考虑的是集体活动性质,倘若是安静的集体活动,活动后可进行一些有运动量的活动,如两两结伴的"炒黄豆""斗鸡""木头人"等;倘若是运动量较大的集体活动,如体育活动等,活动后就不宜再行一些运动量较大的活动,可以让幼儿看看书、走走迷宫,稳定幼儿的情绪,以利于下一个活动的开展。这就要求教师审时度势,在让孩子自主、快乐的同时善于发现他们在集体活动中的状态,提供多样的游戏内容,实现集体活动与课间活动之间的机智过渡,为下一个活动做好铺垫。请看以下两个案例中,哪位

教师的做法是不适宜的：

案例 1

音乐活动结束后，王老师和孩子们玩起"许多小鱼游来了"的游戏。只见"小鱼们"在"渔网"下肆无忌惮地跑来跑去、钻来钻去，玩得很疯。区域活动开始了，孩子们气喘吁吁地讨论着下次谁来当"渔网"，对于老师说的话，一点儿都没听进去。

案例 2

体育活动结束后，李老师看到孩子们满头大汗，就先让孩子们在自己的位置上休息一下，然后允许他们安静地看看迷宫书、走走迷宫，看看自然角的动植物，还和一部分孩子聊天，谈起了心。孩子们的心情渐渐地平静了下来。第二个活动开始了，孩子们全身心地投入进去。

课间过渡时间虽短，但教师要进行合理的组织与安排，让幼儿快乐、平安又有意义地度过这短暂的时光，使课间过渡成为幼儿放飞思想、放飞自我的天堂。

三、试试这样做

1. 我爱阅读

阅读，是幼儿喜欢而又投入的一件事情。课间活动时间，让幼儿自主选取小书翻翻、看看、说说、聊聊，无疑是他们感到快乐、放松的时刻，既可以使幼儿喜欢上看书，培养他们形成良好的阅读习惯，又能发展他们的猜测创编能力和语言表达能力。同时，在排队取书和同伴轮换看书、合作看书中，幼儿的合作、谦让、互助品质也得到了很好的培养。

活动准备

书袋或书柜，各类幼儿感兴趣的图书，图书分类的标记。

活动实施

- 把图书按类摆放：小班幼儿可以按照书的大小不同摆放；中、大班幼儿可以按书的内容不同摆放，如故事类、迷宫类、绘本类、数学类等。
- 幼儿自主排队取书。
- 播放一些安静的音乐，让幼儿静下心来自主阅读。幼儿自主选择看书的地方，可以是阅读区角，也可以坐在自己的位置上；幼儿自主选择看书的方式，可以一人阅读，也可以和同伴一起阅读。
- 幼儿整理放回图书。让幼儿分组将书分类放回，中、大班幼儿可以请小组长或值日生将小组的书收齐放回书柜。

活动建议

幼儿阅读时，教师要尽量营造一种温馨安全的阅读氛围，让幼儿能安静阅读。教师应培养幼儿良好的阅读秩序和阅读习惯，让幼儿能自主按类取放图书，保护图书等；要给幼儿自主阅读的空间，让幼儿能看看、说说、聊聊，教师不要过多干涉，只是做适时的引导者、辅助者。针对中、大班幼儿，可以提供一些纸、笔，让他们把自己看到的、想到的画下来，如"故事发生的时间、地点，涉及的人物和事件""故事中我觉得有趣的地方，我喜欢的人物"等，这样可进一步培养幼儿的前阅读、前书写能力。

2. 说说悄悄话

"说说悄悄话"是由幼儿自主发起的活动，有一定的随意性，是幼儿心理调节的良药。通过这个活动，幼儿可以将在集体活动中没能说的话、一些不开心的事情和心中的小秘密表达出来，满足幼儿宣泄情感的需要。教师所要做的是营造一种宽松的氛围，让幼儿有说的机会，也敢

于说；还要给幼儿提供一个"说悄悄话"的场所，让他们真正躲开教师的视线、摆脱教师的约束说一些自己喜欢说的话。

活动准备

在班级活动室开辟一角作为"悄悄话小屋"：用大硬纸板做一个小屋，上面垂挂着轻盈透明、色彩柔和的纱，里面放置柔软的座垫和各种毛绒玩具。

活动实施

- 规定每次"说悄悄话"的人数，可以在"悄悄话小屋"的门口贴上3～4个脚印。
- 教师以身示范，将心中的秘密在"悄悄话小屋"中与幼儿分享。
- 留足空间给幼儿。当幼儿知道"悄悄话小屋"的功能后，教师要离开"小屋"，给幼儿自由说悄悄话的空间。
- 教师可以根据活动的需要，更替"悄悄话"主题，如"我的秘密""我感到不开心的事""我感到委屈的事""我感到高兴的事"等。

活动建议

这样的课间活动内容适合中、大班的幼儿，因为他们在这方面已有一定的语言表达能力以及自我调节的能力，能更有效地发挥"悄悄话小屋"的作用。

在更换"悄悄话"的主题时，教师要在幼儿对"悄悄话小屋"场景比较熟悉的情况下进行。主题的内容最好来自于幼儿，这就要求教师要留意幼儿在集体活动中的表现，看看他们是否有情绪比较激动、上课举手比较积极但未有机会表达、与同伴发生争执导致情绪不满等情况出现。

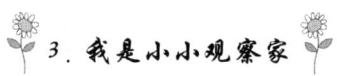

3. 我是小小观察家

当幼儿以小小观察家的身份参与到自然角活动中时，通过与自然角动植物的接触，他们会获得丰富的自然知识，培养观察的能力，产生爱护自然的情感。比如，在观察动植物的过程中学会细致观察的能力；在照料动植物的过程中与动植物建立亲密的关系，同时会产生喜欢自然、亲近自然的美好情感。在这里，教师还可以扩大幼儿的视野，从室内转到室外，让幼儿缓解视觉上的疲劳。

活动准备

创设自然角，里面有植物、小金鱼、小乌龟等，有可供幼儿使用的种植和喂养工具等，有饲养动物的食物和种植植物的土壤、肥料等。

活动实施

- 将集体活动不能完成且难以实施的动植物活动内容放到自然角。比如，在"春天里"的主题中，教师可以将观察蜗牛和蚕宝宝的活动内容放到自然角中，让幼儿随时随地可以观察。
- 询问幼儿观察的心得。可以问问观察的幼儿："你在自然角发现了什么？""今天你发现蚕宝宝有什么变化？"
- 为经常出入自然角的幼儿提供自然角记录册，让他们将自己在自然角的发现记录下来。

活动建议

针对小班幼儿，教师可以在自然角组织开展"亲亲动植物""摸摸小动物""喂喂小动物"的活动。

对于中、大班幼儿，教师要善于抓住他们的观察兴趣点。观察的内容可以从主题科学活动中来，如"什么样的水更适合植物生长""豆子的成长日记"等。教师还要引导幼儿学会观察，可以为幼儿提供记录本并在记录本上做上标签。比如，这是观察蜗牛的，这是观察蚕的，等等。此外，教师需要定期提升幼儿科学观察和种植、饲养的经验。

4. 我是快乐小助手

到了中、大班，幼儿的自我服务能力和主人翁意识逐渐增强，此时让幼儿作为班级小主人，帮助老师一起准备下一个教学活动中所用的材料，如分发幼儿的美术用具、分组摆放活动材料等，可以进一步提升幼儿的自

我服务能力和集体责任感，同时能让他们体验劳动和为大家服务的快乐。

活动准备

根据要开展的活动准备需要的各种材料，且这些材料能够让幼儿帮助分发、整理。

活动实施

- 和幼儿一起讨论：下一个活动是什么？应该准备什么东西呢？
- 向幼儿展示他们需要帮忙整理的材料，如果幼儿已有相关经验，可以直接请他们帮忙。比如，请他们把美工课的材料以及幼儿上课用书分发摆放好。如果幼儿第一次接触这些材料，教师可以指导他们如何摆放，甚至可以示范给他们看。
- 幼儿一起帮忙完成活动的准备工作，教师要引导幼儿轻轻拿、轻轻放且摆放尽量整齐，要及时肯定、鼓励幼儿的行为。
- 活动结束后，请幼儿再一起帮忙整理收拾。

活动建议

活动中，教师要大胆放手，肯定幼儿的表现。一般来说，小班幼儿可以进行一些简单的、日常重复性比较强的材料取放工作，如美工材料、小书的取放等，教师可以给予适当的辅助。对于中、大班幼儿，应放手让他们自己去取放，并能做到有礼节地取放。特别值得注意的是，"快乐小助手"的机会应该让每个幼儿都能享有，可以轮流进行，以激发每个幼儿的责任意识、服务意识。

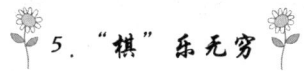

5."棋"乐无穷

棋类游戏是一种新颖有趣、简便易行的游戏形式，符合幼儿的年龄特点。在两个活动之间和自己班上的好朋友玩玩棋子，相信会给幼儿带来无穷的乐趣。在玩棋过程中，幼儿能逐渐学会控制自己的行为，增强规则意识，进一步养成遵守纪律、集中注意力的习惯；能积极主动地参与各项活动，喜欢与他人交往、合作游戏，并从中感到快乐；能关注生活中常用的简单文字和标志,了解各种标志所代表的意义。

活动准备

涵盖了数学、语言、科学、健康等各知识领域的各种各样的棋子,如"五子棋""识字棋""故事棋""分类棋""趣味安全棋""斗兽棋"等。

活动实施

- 教师引导幼儿讨论:今天你想玩什么棋子?和谁玩?玩的时候,要注意什么呢?
- 幼儿自主结伴、自由选择喜欢的棋类玩,教师引导幼儿遵守游戏规则。如果幼儿发生争执,应指导他们通过各种办法解决。对于幼儿不懂的地方,应适当给予帮助和提示。大班幼儿可以进行棋类比赛活动。
- 幼儿收拾整理棋子。
- 评选"下棋小明星""文明小棋手"等,鼓励玩得好、遵守游戏规则的幼儿。

活动建议

各类棋子的提供要符合幼儿的年龄段特点。对于刚入园的小班幼儿来讲,他们对各种棋类活动都比较陌生,有的根本没有接触过,这阶段教师的目的就是要培养他们对棋类活动的兴趣,鼓励他们玩一些简单的小棋子,如分类棋、进退棋等;中班幼儿可以玩飞行棋、斗兽棋等;到了大班,幼儿可以玩五子棋、象棋等。幼儿玩棋过程中,教师除指导必要的下棋方法,不要过多干预,要让幼儿合作游戏,特别是要让中、大班幼儿自己商定规则、自己评选"下棋小明星",使幼儿充分体验下棋的乐趣。

6. 音乐游戏

德国诗人歌德曾经说过:"生活的秩序要在游戏中建立。"音乐游戏作为游戏的一种,它不仅具有游戏的趣味性,还可以发展幼儿音乐方面的能力。音乐游戏给予幼儿美的熏陶,赠予幼儿快乐的源泉。在音乐游

戏的规则里，幼儿可以养成良好的归宿感和秩序感。

活动准备

幼儿比较熟悉的一些音乐游戏，如"石头、剪刀、布""头发、肩膀、膝盖、脚""套圈"等。

活动实施

- 在课间活动时间，带领幼儿开展音乐游戏。比如，玩"头发、肩膀、膝盖、脚"游戏，教师带领幼儿从慢到快做音乐律动，让幼儿在加快节奏的过程中，在手眼协调过程中获得愉悦。
- 当幼儿全部回到位置上的时候，教师可以放慢歌词速度并适当地改编歌词。比如，改编《头发、肩膀、膝盖、脚》，如此一来就省去了"让幼儿坐好"这样课前规则的讲解步骤。

头发、肩膀、膝盖、脚

头发、肩膀、膝盖、脚，
膝盖、脚、膝盖、脚，
头发、肩膀、膝盖、脚，
快 快 坐 好。

活动建议

教师在选择音乐游戏时，要考虑这个游戏是适合在课间活动时使用，还是适合在集体活动等待环节使用。有些音乐游戏适合幼儿在课间活动进行，如"游公园"，有些音乐游戏稍加改编就可以服务于集体活动。这就需要教师善于分析、利用、选择与创造音乐游戏，从而更好地使用它们。

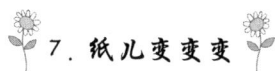

7. 纸儿变变变

"纸儿变变变"就是将一张或几张纸通过折叠的方式进行变形的游

戏。纸类游戏，材料准备方便，作品变化多样，又可以在短暂的时间内收取整理、制作成品，不失为过渡环节适宜开展的一种游戏。在纸类游戏中，幼儿不但可以自由安排活动，还能促进手部精细动作的发展。

活动准备

各种形状、各种颜色的纸张，折纸步骤图（上面绘有难度不同的图案），剪刀，胶水，箩筐。

活动实施

- 带领幼儿欣赏各种折纸作品，引导幼儿感受纸类作品的优美，激发幼儿动手制作的兴趣。
- 引导幼儿学习并掌握纸类游戏的基本技能，包括简单的折纸技巧，如对折，对角线折，双正方形、双三角形等的折法，以及剪刀、胶水的使用方法等。
- 学习一些物品的折纸方法，并引导幼儿将折纸的每一个步骤记录下来，制成折纸步骤图（见图3.1）。
- 玩有趣的折纸游戏：幼儿可以根据教师提供的折纸步骤图，进行模仿学习；也可以想象创作，自由折叠。

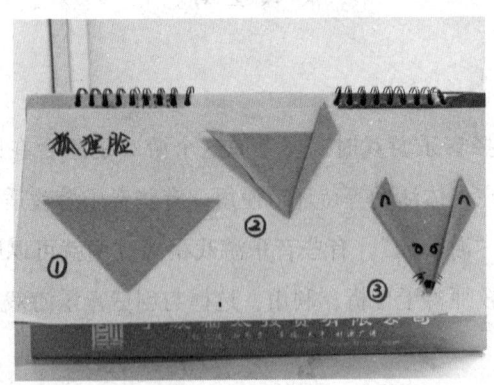

图 3.1

活动建议

托、小班幼儿折叠的形象较简单，如郁金香、小狗、小船等，通过

这些简单物体的折叠,可练习简单的技能技巧。中、大班幼儿折叠的形象以及步骤更为复杂一些,如知了、恐龙等。托、小班幼儿一般以模仿学习、复习巩固为主,中、大班幼儿则倾向于想象创作与合作。

教师可以将幼儿折叠的作品收集起来,用于布置教室,或者制作成木偶供表演区的幼儿表演。

8. 儿歌、童谣诵

儿歌、童谣富有童真童趣,易懂易记,是专为幼儿创作的、最贴近幼儿现实生活的、深受幼儿喜爱的精神食粮。儿歌、童谣朗朗上口,可诵可演,不受材料和空间的限制,随时随地都可进行,是过渡环节中幼儿较喜爱的一种形式。比如,《看大戏》《摇啊摇》等儿歌,幼儿可以独自诵读表演,也可以两人合作表演,亦可以集体表演。通过诵读,幼儿不仅复习巩固了学习过的儿歌内容,也为教室增添了一股童真的韵律美。

活动准备

幼儿已经掌握的一些儿歌、童谣;把儿歌、童谣的挂图张贴在墙面或者语言区。

活动实施

- 幼儿可以在座位上,也可以在教室内任何一处空旷的地方进行儿歌、童谣诵读表演。
- 教师和个别幼儿进行《摇啊摇》的诵读表演,当有其他幼儿也想跟老师一起诵读时,教师引导:"你去找你的好朋友玩一玩吧。"通过这种方式,激发幼儿与同伴合作表演的热情。
- 在幼儿诵读表演的形式比较单一或者出现游戏疲劳(指幼儿重复表演一个动作时出现的兴趣缺乏,不想表演的状态)时,教师可以适时介入,引导幼儿进行童谣动作的创编。比如,在《摇啊摇》中,幼儿除了双手拉锯式地摇,还可以上摇下摇,通过改变方位增强表演兴趣。当发现有幼儿出现新的诵读语气和表演方式时，要对该幼儿进行表扬，并将这个诵读表演加以推广。

活动建议

在幼儿诵读儿歌、童谣时，教师应以支持者、观察者的身份站在一旁，让幼儿自由寻找玩伴，自主选择诵读的内容。当幼儿遇到困难时，再适时介入，不要对幼儿进行控制。在游戏时，注意引导幼儿用正常的声音进行诵读，以营造和谐的教室氛围，也帮助幼儿养成良好的交谈习惯。

对于托、小班的幼儿，他们更倾向于感受诵读表演的乐趣，因此教师可以适当地引导他们进行诵读表演。对于中、大班幼儿，教师要更关注他们表演的主动性、生动性和创造性。

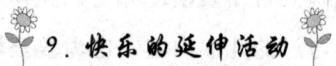

9. 快乐的延伸活动

集体活动已经结束，可幼儿对活动的兴趣还意犹未尽，还想继续操作，那就让幼儿多玩一会儿吧。转移集体活动的材料到区角以及延续集体活动，一般多出现于科学探索活动和数学活动后。比如，在科学活动"纸桥"结束时，孩子们还想继续挑战纸桥上书本的数量，那么教师就可以将这个挑战转移到科学探索区，让他们继续专注地完成自己的探索。这样的活动延伸使得集体活动富有了弹性，让孩子们的探索、求知兴趣得以延伸，让他们的专注力更加集中，能够有效地培养幼儿探索的能力。

活动准备

把集体活动中所使用的材料、所需的空间一一呈现在区角中。

活动实施

- 师幼一起将上一个集体活动的操作材料转移到供幼儿操作的区域，如科学探索区、益智区、美工区等。
- 幼儿到区域进行深度的探索，并对自己的探索进行简单的记录。

- 幼儿将探索到的现象反馈给其他幼儿，张贴探索记录表。
- 收拾整理材料。

活动建议

集体活动后的探索，是对集体活动依然感兴趣的幼儿继续游戏的过程，但并不代表全班幼儿的意愿。因此，教师要允许和满足一部分幼儿不想游戏或想开展其他游戏的愿望，不能硬性要求全班幼儿都开展集体延伸活动。

当个别幼儿在进行活动延伸时，教师可以在一旁观察，必要时加以引导。但同时教师也要顾全大局，观察全班幼儿的活动情况，不能顾此失彼。

教师要重视延伸活动之后材料的整理工作，有时候幼儿会因为来不及，匆忙撇下材料就坐回位置上去，导致区域乱七八糟。教师可在进行下一个活动前五分钟，轻声提醒幼儿马上要进行下一个活动了，要开始整理材料了，为幼儿的整理工作提供充足的时间。

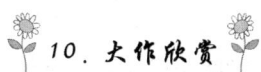

10. 大作欣赏

西班牙绘画大师毕加索说："我能用很短的时间就画得像一位大师，但我要用一生去学习画得像一个儿童！"每一个孩子都是天生的大师，他们用自己稚嫩的双手描绘着眼里的世界，他们的大作值得我们每一个人欣赏。在美工活动之后，教师可以将孩子们的画作展示出来，让他们介绍自己的作品，让他们自由欣赏其他孩子的作品并发表自己的观点，大胆地看、大胆地说。这不仅能充分地满足幼儿感受和欣赏的兴趣，同时也能够让他们学会欣赏别人、尊重别人。

活动准备

布置作品展示的空间，如长廊、桌子、窗台等；布置作品展示架，如绳子（悬挂式）、相框（装裱式）、夹子（立体展示）等。

活动实施

- 按照幼儿绘画作品的速度，师幼一起先后将幼儿的作品展示在教室里较空旷的地方。
- 完成作品的幼儿自由欣赏同伴的作品，找一找自己最喜欢的作品，并说一说为什么。
- 引导幼儿相互讲述作品绘制的方法和绘制的意图，以便孩子们相互感受和学习。比如，问一问同伴画的这幅画是什么意思，是怎么画的。

活动建议

美工活动结束后，教师应立刻把孩子的作品展示出来，可以是平铺式，也可以是立体式，要展示在醒目、空旷的位置，以便幼儿观察。展示的形式尽量追求美观、艺术，以增强幼儿绘画的信心。

教师要尊重幼儿的想法和意见，引导幼儿自由地发表自己的意见，但要尽量引导幼儿正面评价他人的作品。比如，面对一幅幼儿觉得不好的作品，可以这样提问："我觉得这幅画里的这个人画得很不错，你觉得他还有哪里也画得很好？"

作品展示要持续一段时间，保证幼儿充分地欣赏和感受。教师可以将作品展示一天后再收集整理，这样幼儿便可以在多个过渡时间里选择性地慢慢欣赏，也避免了欣赏时拥挤情况的出现。

11. 翻绳乐翻天

翻绳又叫"翻花绳"，是一种传统的民间小游戏，是中国人智慧的结晶。它是一种利用绳子玩的游戏，人们只需拥有一双灵巧的双手，就可翻转出许多的花样。翻绳游戏材料准备简单，仅需一根绳子，就能很快地玩起来，也能很快地整理材料，结束游戏。所以，它也是幼儿园孩子喜欢玩的一种游戏形式。

活动准备

绳子；幼儿已经掌握简单的翻绳玩法。

活动实施

- 教师可以收集多种翻绳游戏的方法，在集体活动时间，引导幼儿掌握翻绳的基本玩法，让幼儿对翻绳游戏感兴趣。
- 幼儿自由寻找同伴，与同伴合作开展游戏。
- 幼儿和家长收集一些翻绳的方法，将其绘制成图片或拍成照片，并注明游戏的玩法。教师在教室里制作一面游戏墙，将幼儿收集的方法图片张贴在游戏墙上，引导幼儿自由选择，复习巩固老方法，学习接纳新方法。

活动建议

教师要为每一个幼儿开辟一块自我保管物品的小空间，如小抽屉、书袋等，方便幼儿自由、快速地取放绳子。

除了翻绳游戏，教师还可以组织多种民间传统小游戏，如抬轿子、抛沙包、跳房子、拍手背、剪刀石头布、斗鸡等。组织民间传统小游戏时，要注意动静结合的原则。前面的集体活动若是语言、社会等比较安静的活动，过渡环节可以引导幼儿进行一些稍有运动量的活动，如斗鸡、抬轿子等。若前面进行的是体育锻炼、区域游戏等运动量较大的活动，则应选择较为安静的游戏，如石头剪刀布、拍手背等。

幼儿开展运动量较大的游戏时，教师要选择比较空旷的场地，观察幼儿的游戏情况，注意保护幼儿的安全。

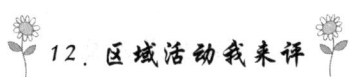

12. 区域活动我来评

区域活动结束后，孩子们总有作品产生：建构区搭建的建筑物，美工区漂亮的手工作品，科学探索区的探索结果记录，孩子的区域心情记录表……这些作品都值得幼儿欣赏与评价。在区域活动结束之后，幼儿可以自由地安排自己要评价的区域、作品、记录表等，这既可以检验孩子们的游戏情况，又能达到互相监督、互相学习的效果。

活动准备

摆放成品的空间，各类记录表。

活动实施

- 区域游戏结束后，教师及时将幼儿的作品、记录表展示出来，供幼儿在第一时间参观、评价。
- 幼儿自主选择欣赏同伴搭建的作品以及制作的手工作品，可以问一问同伴："你搭建的是什么？是怎么制作的？"
- 观察同伴的实验结果记录，倾听同伴的实验过程，问一问有趣的实验现象以及实验过程中发生的有趣的事情。
- 看一看同伴的区域心情记录表，关心当天区域活动心情不好的同伴，问一问发生了什么事情。
- 相互检查各个区域的整理情况，相互监督，提醒同伴对自己的活动区域进行整理。

活动建议

关于区域整理情况的检查，教师可以逐步引导，直至放手。比如，一开始教师可以先引导一名监督员去检查整理情况，逐步扩大到五位监督员去检查，待幼儿形成一定的检查习惯后，教师可以放手，让幼儿间相互检查。

教师应重视幼儿的心情记录，如若发现幼儿在记录表中有不良情绪记录，教师应及时询问这个幼儿，及时做好情绪的疏导工作。

13．词语接龙我挑战

词语接龙是中国汉字游戏中非常经典的一个游戏，可以进行组词游戏，也可以运用量词累计的方法进行接龙。这类游戏材料准备便捷，不受时间和空间的限制，大受幼儿园孩子的欢迎，他们通过同伴间的对答接龙、动作表演等进行游戏。这类游戏可以促进幼儿对多种词语的积累

和认知,激发幼儿对中国汉字的兴趣,也为幼儿以后在小学的学习奠定了一定的基础。

活动准备

在幼儿还没有游戏经验之前,教师需要带领幼儿进行游戏。

活动实施

- 幼儿可以坐在座位上,也可以在教室里任何一处空旷的地方进行游戏。
- 在幼儿还未有该游戏经验的时候,教师可以利用晨间谈话或空闲时间增加幼儿的词汇量,并和幼儿进行词语接龙游戏。
- 幼儿自主制定游戏规则,比如按相同的字进行词语接龙或头尾相连的方式进行接龙等,然后按照自己制定的规则开始游戏。

活动建议

该类游戏需要一定的社会经验和词汇积累量,所以一般适合中班下学期或大班的幼儿开展。教师要注意强调游戏的规则性,提醒幼儿遵守游戏的规则。教师可以尝试让幼儿统计评比得出冠军,以鼓励幼儿在业余时间再进行挑战。

语言类的文字游戏很多,除了词语接龙,还有说反义词、同义词、词语开花等,这一类游戏都可以在过渡环节中进行。

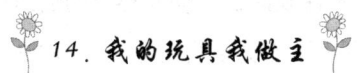

14. 我的玩具我做主

"玩"是孩子的天性,"玩具"是孩子的最爱,是孩子们交往互动的重要媒介。而玩具的外形、玩法,深深地吸引着孩子们在玩中探索。因此,教师可以结合幼儿园的教学主题让幼儿带来一些玩具,在课间操作和分享。通过操作玩具,幼儿探索玩具的不同玩法,了解它们不同的性能;同时乐意与同伴分享玩具,会有礼貌地互借玩具进行游戏,知道玩具玩好后要物归原处。

活动准备

幼儿带来各种玩具小汽车，创设"汽车城"的情境；幼儿对玩具小汽车已经有一定的认识。

活动实施

- 幼儿带来各种小汽车一起分享：说一说自己的小汽车的名称，向同伴介绍自己的小汽车的功能，以及可以怎么玩，等等。
- 在"汽车城"探索各种汽车的玩法，如比比谁的汽车开得快、汽车走迷宫、小汽车分类回家等。
- 幼儿之间交换小汽车，互相分享。

活动建议

玩具小汽车的分享活动更适合小、中班幼儿开展。活动中，教师应发挥幼儿的自主性，让幼儿自主探索各种玩具的玩法。但在幼儿的交往和交换玩具分享过程中，教师要适时引导幼儿用礼貌的方式和同伴交换玩具，提高他们的社交能力。幼儿自带玩具的种类可以根据主题内容来确定。比如，针对大班"旋转乐园"主题，可以让幼儿带陀螺来分享。

15. 我爱木偶表演

在课间过渡中，木偶表演会是幼儿热衷的创造性游戏。幼儿在木偶表演当中，通过吟诵儿歌感受语言的乐趣，发展想象力和语言表达能力；通过表演木偶促进手部小肌肉动作的发展；通过在游戏中想象各种木偶的动作，体验创造和再现的快乐。比如，在中班，教师可以带领幼儿开展手指偶游戏"猴子和鳄鱼"。

活动准备

若干套表演道具，每套包括五只猴子指偶和一个鳄鱼纸盒偶（见图3.2）；幼儿已经熟悉这首儿歌，基本会念。

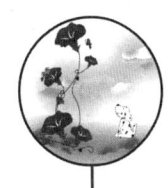

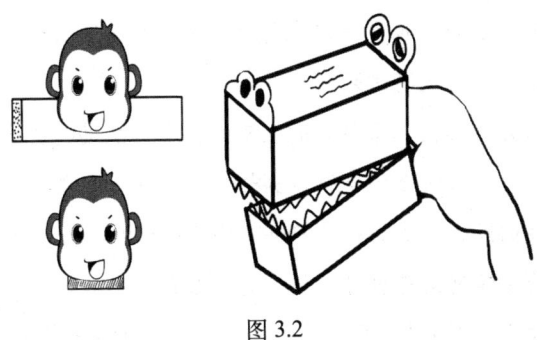

图 3.2

活动实施

- 幼儿根据儿歌内容将戴指偶的手指逐个收拢,并有规律地控制"鳄鱼"的嘴巴跟随儿歌《猴子和鳄鱼》的节奏一张一合。

猴子和鳄鱼

五只猴子荡秋千,看见鳄鱼被水淹,

鳄鱼来了,鳄鱼来了,啊呜啊呜啊呜。

四只猴子荡秋千,看见鳄鱼被水淹,

鳄鱼来了,鳄鱼来了,啊呜啊呜啊呜。

三只猴子荡秋千,看见鳄鱼被水淹,

鳄鱼来了,鳄鱼来了,啊呜啊呜啊呜。

两只猴子荡秋千,看见鳄鱼被水淹,

鳄鱼来了,鳄鱼来了,啊呜啊呜啊呜。

一只猴子荡秋千,看见鳄鱼被水淹,

鳄鱼来了,鳄鱼来了,啊呜啊呜啊呜。

- 引导幼儿发挥想象,突破原有动作。比如,引导幼儿表演猴子荡秋千的动作时可以左右摆、上下晃,还可以转圈等,鼓励幼儿大胆地创造表现。而在表演鳄鱼的动作时,可以引导幼儿想象:你表演的鳄鱼是一只饥饿的鳄鱼还是一只悠闲的鳄鱼?鳄鱼可以慢悠悠地爬过来，也可以快速地爬过来或是跳跃式地爬过来，还可以沿着各种路线爬过来。
- 观察幼儿是如何想象角色的性格的，并提醒幼儿配上相应的语气语调，以增加表演的丰富性和趣味性。比如，某个幼儿想表演的是饥饿的鳄鱼，那么在"啊呜啊呜啊呜"的时候声音可以轻一点；表演的是愤怒的鳄鱼时，声音则可以有力一点。
- 创编想象情节："剩下最后一只猴子了，如果这是一只聪明的小猴子，它不愿被吃掉，你猜它会想什么办法？对鳄鱼说什么呢？鳄鱼听了最后一只小猴子的话，它还会不会吃小猴子？鳄鱼会怎么说？"请幼儿编一编，演一演。

活动建议

这个手指偶游戏"猴子和鳄鱼"，突破了原来的儿歌表演形式，在动作、语言、情节、表演手段上作了突破，让幼儿能更自主大胆地去表演。形式上可以一个人玩，即一只手上套五个小猴子指偶，另一只手上套鳄鱼纸盒偶，边念儿歌边表演；可以两个人玩，即一个幼儿套上五个小猴子指偶表演猴子，另一个幼儿套上鳄鱼纸盒偶，念儿歌互动表演，还可以几个人玩，即几个人演一群猴子，一个人演鳄鱼，念儿歌互动表演。教师可以让不同年龄段的幼儿操作不同的木偶表演，如小班幼儿可以玩指偶、棒偶，中班幼儿可以玩掌偶、纸盘偶，大班幼儿可以玩人偶、提线偶等，让幼儿能充分体验自主表演的快乐。

16. 墙面互动小天地

两个活动之间的过渡环节，往往时间比较紧凑，在幼儿完成必要的盥洗、如厕活动后，他们能自主活动的时间不长，因此建议教师安排一些简单的、有趣的、收取方便的益智游戏材料，让幼儿自主选择。比如，可以玩与区域墙饰互动的内容，包括配对、连线、拼图、排序等，这样幼儿随时能到墙面互动区域去选择喜欢的内容进行游戏，不但可以

发展智力、动手操作能力,还能体验互动墙面游戏的快乐。

活动准备

各种互动式的墙面游戏材料,如"夹夹乐"的操作材料。

活动实施

- 幼儿自由选择"墙面互动小天地"的材料游戏,教师全面观察。
- 幼儿根据自己的能力进行排序,可以按照图片的夹子排序规律去夹,也可以自己设计按照夹子的大小、颜色、形状、花纹等各种维度进行操作。
- 对个别遇到困难的幼儿适时进行指导,可以提问:"你是怎么夹的?有什么困难吗?需要我帮助吗?"也可以引导幼儿之间的同伴互助。
- 幼儿整理材料,按照图示标记要求放回游戏材料,可以把已经夹好的作品展示出来。
- 幼儿与教师、同伴交流自己游戏的感受和体验,可以说说自己是怎么玩的,哪里成功了,哪里还没有完成以及下次打算怎样继续玩,等等。

活动建议

关于"墙面互动小天地"中的"夹夹乐"游戏,教师可以根据幼儿的不同年龄特点设计不同的排序规律图示。小班幼儿以一个维度的规律为主,中班幼儿以两个维度的规律为主,大班幼儿以三个维度的规律为主。当然,教师也可以让幼儿自己设计排序规律,满足不同年龄段、不同层次水平幼儿的操作。教师应以观察和鼓励为主,将幼儿排序后的作品展示出来,帮助幼儿体验成功感。

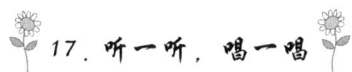

17. 听一听,唱一唱

在一个高强度的集体活动之后,幼儿更需要放松的时刻,那么音乐无疑是非常好的放松方式。因此,集体活动后可以让幼儿欣赏一些或舒缓或轻快的音乐，让幼儿跟着音乐唱唱歌曲活跃气氛，让音乐之声轻轻流淌在幼儿的心间，帮助幼儿以饱满的精神状态进入下一个活动，也进一步培养幼儿的音乐素养。

活动准备

幼儿已学过的或感兴趣的歌曲，适合幼儿欣赏的乐曲或名曲。

活动实施

- 选择性播放幼儿熟悉的歌曲或喜欢的音乐，可以是幼儿会唱的歌曲，也可以是适合幼儿欣赏的名曲。
- 在聆听歌曲的时候，幼儿可以跟着哼唱，或者静静聆听，感受音乐的特质；抑或跟着音乐做做律动，用肢体表达内心的快乐。
- 问问幼儿："你最喜欢哪首歌曲或者最喜欢哪段音乐？给你什么样的感觉？你想试试表演出来吗？"可以请幼儿推选代表带领小组或集体一起唱唱、做做、演演，丰富幼儿的音乐体验。对于一些名家名曲，教师可以适时地进行介绍，提升幼儿的音乐素养。
- 各种类型的音乐轮次播放，幼儿也可以自主点歌。

活动建议

让幼儿演唱的应该是幼儿熟悉的且适合幼儿年龄的歌曲。供幼儿欣赏所选的音乐要根据上一个活动来确定，如果上一个活动比较热闹，可以选择安静抒情的音乐；如果上一个活动比较安静，则可以选择活泼欢快的音乐，起到调节幼儿身心的作用。对于幼儿听到音乐后的各种情感表现，如语言、肢体的表现等，教师应该鼓励、支持幼儿，让幼儿能更大胆地表现自己的情绪、情感。

四、温馨小贴士

课间过渡环节作为幼儿学习途中的小驿站，教师在组织中还要遵循以下两个原则：

◆年龄的适宜性。在选择什么样的课间活动形式的时候，教师要很好地把握幼儿的年龄特征。针对小班幼儿，教师可以开展以游戏性为主的课间活动；针对中班幼儿，教师可以开展以自主性为主的课间活动；针对大班幼儿，教师则在自主性活动的同时，增加一些与小学衔接的课间活动形式，如自我时间的整理、学习前的准备等。

◆活动的适宜性。教师不仅要考虑活动之间的动静交替，还要考虑活动的领域与内容。倘若在手工活动之前，让幼儿进行折纸、剪纸等自主活动，那是不利于手工活动开展的。

在课间过渡环节的管理中，教师还要把握以下三个要点：

◆善观察。教师要随时关注幼儿在课间活动中的表现，了解幼儿的行为动向，把握幼儿的兴趣点和关注点，为下次的课间活动提供适宜的素材与资源作参考。

◆常调整。提供给幼儿的课间自主活动并不是一成不变的，教师要根据日常观察情况调整内容与引导方式。在内容上要体现丰富性，层次上体现深入性。

◆多参与。自主的课间活动并不是放任幼儿自主地活动，教师应尽可能以玩伴的身份参与进去。此时教师要放下身段参与到幼儿的自主活动中，在增进师幼情感的同时进行一些有效的引导。

在课间活动时，教师还要审时度势，做个有"心"人，善于隐形地关注课间过渡中的每个幼儿，让这个学习驿站中的小憩变得自主、快乐而又精彩。

第四章

餐间小憩
——健康一天的加油站

一、餐前餐后过渡的价值阐释

日本的研究人员在《食的科学》中强调,孩子从幼儿期到学龄期,智力发生了一个飞跃。在这一时期,儿童的空腹感与食欲的关系不再是必然,而是显得十分复杂。因为在这两个生理环节之间,已掺杂了心理因素的作用。他们可能是空腹时不一定想吃,或是在吃得很饱后对所喜食物继续吃。他们的吃,不再是生理性食欲,而是经验性、能动性食欲。所以,孩子的食欲,除其生理本能之外,还需后天培养。因此,调节幼儿良好的进餐情绪,增进他们的食欲并使之养成良好的生活卫生习惯是进餐前后过渡环节的主要目的。

在幼儿园的一日生活中,餐点前后一般有15～20分钟的盥洗及开展活动时间。这段时间既不能像集体教学活动那么严谨、规范,也不能像户外游戏那样激烈与兴奋,同时也不能让幼儿处于消极等待、无所事事的状态中。那么,如何利用并组织好这个时间段的活动呢?

本书旨从生活与游戏两个维度入手,通过有效地融入形式多样的活动,为幼儿提升自我服务能力与形成良好的进餐习惯提供更多的帮助与支持。同时为幼儿创设更多自主与自由的空间，既优化过渡环节的秩序，又满足幼儿多方面发展的需要，使每个幼儿在获得快乐与自信的同时培养习惯，启迪智慧。

此外，这个时段也是教师适当调节工作节奏、解决个别儿童问题、亲近每一个幼儿的极好时段。

二、餐前餐后过渡的组织策略

一直以来，教师对餐前餐后过渡环节关注度不高，存在各种各样的问题。请看以下三个案例：

案例1

上午10点40分，孩子们户外活动结束回到教室，这时，保育员老师已经分好了饭菜。带班教师直接引导孩子们盥洗后，孩子们陆陆续续开始用餐。

案例2

午餐时间到了，只听中（2）班教室传来了老师严厉的声音："最近，你们是怎么了？区角的实验瓶是谁打碎的？班级的勾线笔盖子怎么少了那么多？你们越来越不听话了，马上要上大班了，怎么办呀？要不再上一年中班吧。"经过一顿批评后，孩子们安静了许多，但不一会儿，一些孩子又窃窃私语起来……该班教师气愤地一拍桌子，吼道："谁还在讲话？××和××站起来。"

案例3

餐后，老师们带着一群群孩子来到了户外。不少班级的孩子爬上了大型玩具，还有一些孩子开始追跑嬉闹，老师们却只是站在一边旁观。

上述三个案例，反映了老师们在过渡环节存在的一些问题。其一，餐前有时会因为户外活动的延长而占用了餐前准备时间，有时又会因为保育员提早分好了饭菜而省去餐前过渡环节，直接让幼儿就餐。其二，餐前批评幼儿，对幼儿责骂，影响了幼儿的食欲。其三，在餐后过渡环节，老师们带领着幼儿玩大型玩具，让幼儿在户外自由奔跑游戏，不利于孩子的身体健康。为了让孩子们能安静愉快地进餐，能舒适地午睡，教师在组织餐前餐后过渡环节的活动时要遵循一定的原则。

(1) 关注"科学"——创设安全的餐前餐后环境。 餐前餐后过渡环节的组织要充分尊重幼儿成长发育的规律。餐前，幼儿需要保持愉快的情绪，避免剧烈的活动或过度的兴奋影响进餐的质量。因此，幼儿户外活动后不宜马上进餐，需选择一些平静而舒缓的内容，如听故事、玩手指游戏等。同时，教师也要避免"餐前批斗会"。在调查中，笔者发现很多班级教师经常在餐前对幼儿责骂、处罚，这样会导致幼儿食欲不振、厌恶用餐，更会影响幼儿的消化吸收。为此，教师在餐前过渡时要减少影响幼儿心理的各种行为，创设平静舒缓的就餐氛围。比如，介绍美味的食物，通过介绍当天的食谱，让幼儿产生想吃、乐吃、爱吃的心理，调动其用餐食欲。良好的进餐环境有利于幼儿消化腺的分泌，为愉快进餐做好有效的过渡。

在餐后活动的组织过程中，笔者也发现上面案例3的现象屡见不鲜。餐后组织幼儿玩大型玩具、奔跑嬉戏，都会造成幼儿身体的不适，严重的易导致胃痛、消化不良、胃溃疡等胃肠消化疾病，还会引起呼吸系统和心血管系统的疾病，对幼儿的身体健康造成很大的危害。为此，餐前餐后的过渡环节，教师要创设安全舒适的氛围，促进幼儿的发展。

(2) 关注"多元"——优化餐前餐后过渡的内容。 餐前餐后的过渡环节，教师存在的另一个问题是过渡缺少计划，表现为：教师们安排的餐前过渡内容主要以故事、谈话为主。在谈话内容的选择上，常以"常规教育"中的随机问题居多，经常是针对幼儿间发生的"争吵"及班级中出现的幼儿问题展开讨论与教育。在故事的选择上，也是随机安排，想讲哪个讲哪个。笔者在日常的观察中也发现,教师餐前餐后准备的内容随意性大,计划目的性不强,较多的过渡成为随意的走过场。同时,餐前餐后过渡内容单一。《指南》要求幼儿教师在一日生活的各个环节应多放手,多给幼儿提供自主学习、自主游戏的机会,但在实践过程中,仍出现各种不协调的现象。餐前餐后内容选择和组织形式仍以教师为主,集体组织,高度控制。请看以下三个案例:

案例1

孩子们盥洗结束后,教师看了一下手表,发现离进餐的时间还有十分钟。于是,教师对孩子们说:"现在给你们讲个故事吧!"大家都兴奋地说:"好!"教师走入图书室,选了一本故事书。这时一个孩子站了起来说:"老师,这个故事讲过了,再换一个!"教师放回手中的书,又重新换了一本,没想到,这回又有很多的孩子反对:"老师,这本也听过了,再换一本……"还没选好书,进餐时间就到了。

案例2

在进餐前五分钟,教师让孩子们围圈而坐,针对早上出现的"咬人"事件进行了集体谈话……

案例3

在对××幼儿园进行了为期一个月的调研后,调研人员发现该幼儿园的餐后过渡几乎都是集体操作积塑玩具、集体看书。每个班级餐后都是集体活动,内容单一。

孩子们喜欢参与丰富多彩的活动,教师应尽量让餐前餐后活动内容有趣、多样化。教师应灵活采用集体活动、分组活动、个别活动等多种策略,让每个幼儿都有参与的机会,都能积极主动并有选择地进行活动,由以往的教师为主、集中高控向多元内容、自主管理转变。

不过，由于餐前餐后活动受时间的限制，因此组织开展的内容和准备的材料应遵循操作方便、收放自如的原则。但这不意味着教师可以每天随机选择一些零散的经验给予幼儿，而是应坚持以幼儿为本有计划有目地实施，如故事小天地、音乐游戏、角落活动等，以丰富餐前餐后的过渡内容，优化餐前餐后的组织形式，发展幼儿多方面的能力。

（3）关注"生活"——提供多样的生活学习机会。餐前餐后的过渡环节是幼儿文明的礼仪和生活卫生习惯养成的良好时机，教师应善于抓住这个有利的教育契机，有计划地策划并提供给幼儿自我表现、自我发展的生活学习机会。古语曰："养其习，于童蒙。"幼儿教育的实质就是让孩子学会生活，逐步养成良好的生活卫生习惯和文明的礼仪习惯，但这些习惯的养成不是一朝一夕的事情。下面案例2中孩子们在餐前摆放桌椅时发生的纠纷在各个班级经常出现，如何文明入座？如何有礼貌地与同伴交往？如何解决突发问题？这些都是让幼儿学会生活的重要内容。生活礼仪习惯的培养是一项长期的工程，就像下面案例1一样，教师可以在餐前餐后过渡活动中渗透生活习惯和礼仪教育，在餐前餐后安排"学一学""做一做"等活动，在有趣的游戏中让幼儿了解各种用餐礼仪，同时积极开展值日生工作，鼓励幼儿发餐盘、叠餐巾、摆勺子、放碗筷、餐后劳动整理等，在帮助幼儿养成良好习惯的同时，让他们学会生活，学会为他人服务。

案例1

午餐时间马上就要到了，中（1）班的教室里，教师正在给一些幼儿讲故事。教室的餐桌旁有六个幼儿正在分餐具，他们认真地清点着每组需要的毛巾、勺子。只听一个幼儿说："这边还少一份。"另一个幼儿回应道："好的，我帮你拿……"孩子们互相配合完成着值日生的工作。

案例2

听到老师说可以用餐了,只见孩子们快速地搬起小椅子,飞奔入座。由于教室空间小,幼儿A的动作稍慢一些,就被堵在了桌子外面,无法进入里边的座位。幼儿A比较着急,只见他用椅子撞了撞坐在外边的幼儿B的椅子。幼儿B看了看他,说:"你可以从那边绕过去。"说完,幼儿B继续吃饭。

(4)关注"个体"——尊重幼儿发展的个体差异。餐前餐后这个时段也是教师适当调节工作节奏、解决个别儿童问题、亲近每一个孩子的极好时段。《纲要》中指出:"幼儿园的教育活动,要为每一个儿童,包括有特殊需要的儿童提供积极的支持和帮助,要关注个别差异,促进每个幼儿富有个性的发展。"在日常集体教学中,教师不可能全面关注到每一个幼儿,而餐前餐后的过渡环节为幼儿提供了表现自己长处和获得成功的机会。比如,餐前的表演环节设置,餐后的小组活动、个别化学习、角落游戏等,不仅为每个孩子提供了多样的学习机会,更有利于教师对幼儿进行个别化的指导与教育。请看以下两个案例:

案例1

幼儿A是个内向的孩子,平时几乎不说话,每次回答问题都会小脸通红,有时还会紧张得结巴。为了让孩子变得大方、自信,教师和他提前约好请他在餐前进行"我行我秀"表演。坚持一段时间后,幼儿A有了一定的转变。轮到幼儿A表演时,只见他大步跨前,站在台中间,用响亮的声音开始自我介绍与演唱。虽然他上台演唱时小脸还是通红,但在表演的过程中比以前大方、自信多了。

案例2

午餐时间,教师在幼儿的餐桌旁走动,一边引导着用餐的幼儿,不

时地提醒他们摆正椅子、扶好盘子，一边关注着教室的另一头。那边已经吃完饭的幼儿正按自己的意愿游戏，有的在安静地搭积木，有的在看书，还有的钻在"聪明屋"思考着有趣的问题。

三、试试这样做

（一）餐前活动

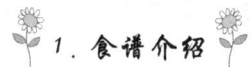

1. 食谱介绍

在午餐前，教师可以组织幼儿根据当天的食谱进行随机的谈话，可以围绕食物的名称、食物的制作、食物的营养等展开话题。谈话时间也正是保育员分发食物的时间，这样幼儿往往很容易被午餐的色香味所吸引，有效地激发食欲。另外，这个过程还蕴藏着丰富的教育资源，因为幼儿还可以进一步了解这些食物的营养成分对人体的好处，改掉不良的饮食习惯，摄取均衡的营养，拓展他们的知识经验。

活动准备

教师根据谈话内容准备相应的材料，包括食物原料的实物或图片，食物谜语等。

活动实施

- 活动的组织形式灵活多样。教师可通过猜谜的形式，让幼儿猜猜今天吃什么。
- 教师事先准备食物未烹饪前的样子，可以是实物或图片，让幼儿进行食物烹饪前后的辨认与对比。同时，也可以让幼儿获得该食物的生长过程、食用部位等知识。
- 闻香识物，让幼儿通过闻一闻、猜一猜来激发食欲。
- 教给幼儿某些食物的食用方法，比如怎样剔除鱼刺，如何剥虾，等等。

- 当幼儿积累了一定的有关食物的经验后，教师也可以通过寻宝的方式让幼儿边吃边找找当天的炒菜中有几种食物，分别是什么。这个方法对矫正幼儿的挑食习惯特别有效。

活动建议

围绕食谱的谈话，建议教师经常变换形式，以幼儿感兴趣的方式展开。针对托、小班幼儿，可通过他们熟悉的小动物形象、动画片角色等鼓励幼儿尝试新的食物；针对中、大班幼儿，应尽可能让他们参与谈话内容，有更多的机会参与互动。这样既能激发幼儿的食欲，又可引发幼儿对食物的关注，有助于幼儿形成良好的饮食习惯。

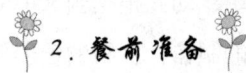

2. 餐前准备

餐前的各项准备，既包括幼儿自我的清洁整理工作，又包括幼儿为他人服务的值日生工作。这是促进幼儿养成良好的卫生习惯，提高自我服务、自我管理能力的良好契机，同时也是幼儿建立初步的为集体、为他人服务意识的机会。

活动准备

①通过谈话让幼儿了解值日生的具体工作内容，并创设"今天我值日"的墙饰，将值日生的工作内容和值日生轮流表用图示的方法呈现出来。

②在盥洗室的墙面上张贴洗手步骤图、系裤子步骤图，帮助幼儿学习生活技能。

活动实施

- 通过儿歌、肢体示范、图示等方法将如何洗手、如何如厕、如何系裤子等生活技能教给幼儿。
- 和幼儿展开讨论，把班级中那些可以由幼儿来完成的事情进行罗列，并及时用图画的方式记录下来，可以由教师记录，也可以由

幼儿记录，然后在固定墙饰进行布置。具体的分工与轮流方式，教师需要和幼儿一起讨论决定。

- 还可组织幼儿进行"进餐礼仪"的谈话。比如，吃饭时嘴巴嚼食物不发出声音，咳嗽或打喷嚏时应捂嘴将头扭向旁边，不把自己的调羹放到别人的餐盘上，进餐时用小餐巾擦手、擦嘴，等等。

活动建议

幼儿良好进餐习惯的养成不仅需要教师的指导，更需要教师持续的关注。教师应逐步放手，给予幼儿更多自我服务的机会，同时也要给予充分的盥洗时间，尤其是在幼儿练习阶段，教师更应耐心等待，让幼儿自我完成，切忌包办代替。在制定班级的各项常规时，应充分体现幼儿的主体地位，让幼儿参与制定每一项班级公约，而教师则负责协助幼儿监督管理与不断完善。

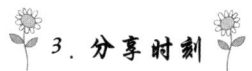

3. 分享时刻

餐前为了让幼儿带着愉悦、轻松的心情进餐，同时也为了给幼儿创造表达、表现的机会，教师可利用每天五分钟的时间安排一则"分享时刻"。根据分享的主题，幼儿可以要求家长帮忙提前准备内容，再自主报名。教师要让班级的每个孩子都能有机会展示自己的才能。

活动准备

小话筒一个，CD 播放机一台。

活动实施

根据班级幼儿的年龄特点，教师可安排"好书推荐""新闻播报""才艺展示"等内容。

- 在学期初家长会上，将"分享时刻"的主题告知家长，请家长帮助孩子准备内容。
- 根据幼儿的报名情况制订计划表，安排具体的内容和分享者。
- 根据不同内容开展不同的活动。比如"新闻播报"，一开始可以播报报纸或其他媒体的新闻，等幼儿熟悉新闻内容后可以尝试播报班级或幼儿园的新闻，让幼儿逐渐学会关注自己身边发生的事。

- 根据幼儿的分享情况，尝试建立不同的评价方式，如"一周分享之星""最佳主播""最佳新闻""才艺之星"等，让每个幼儿既是评选者又是被评选者，激励每个幼儿积极参与，增强他们的自信心。

活动建议

为了让幼儿认真准备、积极参与，教师可准备一些小奖状奖励给评选出的"每周之星"。另外，班级可以配备一个小话筒，让幼儿有在台上表演的感觉，这样作为观众的幼儿也会更认真地倾听。教师在每一次的活动中都要及时鼓励认真准备的幼儿，教师的关注会间接影响到孩子与家长的参与热情。

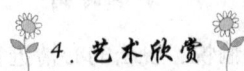

4. 艺术欣赏

艺术作品的欣赏是提高幼儿的艺术素养和审美认知、审美情感的重要途径。让幼儿经常有机会接触优秀、经典的艺术作品不仅能美化和丰富幼儿的心灵，也能拓宽幼儿的视野，提升幼儿的艺术修养。因此，教师可以经常利用餐前5～10分钟的时间让幼儿欣赏一些经典的艺术作品，聊聊对作品的感受，允许他们发表不同的看法。餐后也可以让幼儿用自己的方式再现作品。

活动准备

①教师事先准备好欣赏的内容，可以是经典的民乐、名曲等，也可以是绘画作品（大师作品或幼儿作品）、手工作品（剪纸、泥塑）等。

②CD播放机，多媒体一体机。

活动实施

- 音乐作品的欣赏可以根据季节、节日、当前进行的主题等决定欣

赏的内容。比如，临近春节可以让幼儿欣赏《春节序曲》《金蛇狂舞》《喜洋洋》等；幼儿情绪比较兴奋时，让他们听听《小夜曲》《摇篮曲》等舒缓平静的音乐。

- 美术作品欣赏的题材更广泛，可以是当地著名的建筑或景观、民间工艺品、名画、优秀的摄影作品等，只要能带给幼儿美的感受的作品都可以用来欣赏。教师可以借用实物或图片引领幼儿欣赏，待幼儿发表自己的见解后也可以向幼儿讲述作品的背景及内涵。

活动建议

餐前作品的欣赏组织较集体活动更为自由，只要引导幼儿围绕作品谈论就可以了。教师不要把自己或作者的意图强加给幼儿，应允许他们发表不同的见解，尊重他们的表现方式。餐后可以让幼儿以自己喜欢的方式再现或创造作品。

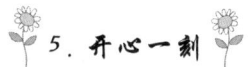

5. 开心一刻

餐前的开怀一笑既能让幼儿放松心情，又能使幼儿增强食欲。因此，每日一则笑话也是餐前很不错的活动选择。

活动准备

幽默小故事、笑话、漫画等。

活动实施

可以是教师讲，也可以是幼儿轮流讲。

活动建议

建议每次讲的人数不要太多，以 2～3 个为宜。作品内容要健康，篇幅应短小，其想表达的幽默要能为幼儿所理解。

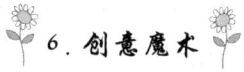

6. 创意魔术

简单的魔术和科学小实验是幼儿非常感兴趣的内容，既能让幼儿感知科学现象的神奇，又能引发幼儿对科学探索的兴趣，也是很不错的餐前活动。

活动准备

魔术道具或科学实验材料。

活动实施

- 可以由教师扮演魔术师，展示给幼儿看。
- 如果幼儿也能参与表演，则应积极鼓励。

活动建议

魔术和实验因本身的不可预知性深受幼儿的喜爱。教师应选择材料简单、操作简便的活动，尤其是小实验应选择效果明显，能引发幼儿好奇心和探索欲的内容。针对中、大班幼儿，教师也可以选择一些幼儿能操作的小实验类型，然后介绍材料或示范器材的使用方法，让幼儿餐后或游戏时间进行探索。

7. 温故知新

教师利用餐前的几分钟时间和幼儿一起回顾一下学过的内容，既能起到复习巩固的作用，又可为幼儿提供自我展示的平台。

活动准备

事先将幼儿学过的文学作品（儿歌、诗歌、故事等）和歌曲、律动等的谱子抄录在一个本子里。

活动实施

- 随机抽取活动内容以集体或小组的形式表演。
- 幼儿个别展示。

活动建议

将学过的内容抄录在一个本子上，方便复习时加以巩固。复习应在宽松的氛围中进行，切忌变成测试幼儿。

8. 欢乐游戏

由于餐前活动一般会安排户外活动，这时幼儿的情绪和身体都还处于兴奋的状态。因此，餐前过渡环节一般比较适宜选择一些安静的在座位上玩的游戏，以调整幼儿的身心使之逐渐平静下来。

活动准备

教师根据所要组织的游戏，了解玩法，准备游戏所用道具。

活动实施

教师可以带领幼儿开展一些室内游戏，现举例如下：

● 手指游戏，如"手指兄弟""包饺子""手指眼镜"等。

手 指 兄 弟

一个手指点点点（伸出一个手指点幼儿）

两个手指敲敲敲（伸出两个手指在幼儿身上轻敲）

三个手指捏捏捏（伸出三个手指在幼儿身上轻捏）

四个手指挠挠挠（伸出四个手指在幼儿身上轻挠）

五个手指拍拍拍（两只手对拍）

五个兄弟爬上山（在幼儿身上做爬山状）

叽里咕噜滚下来（在幼儿身上从上往下挠）

包 饺 子

小手摊开，咱们来包饺子吧（伸出左手手掌）

擀擀皮（右手在左手上做擀皮状）

和和馅（右手手指立起在左手手掌上做和馅的动作，就像手指在抓挠）

包个小饺子（每说一个字，用右手食指依次点着左手的手指）

香喷喷的饺子给谁吃（用右手把左手手指包起来，盖住，问孩子，

然后孩子说给谁吃，就把饺子递到谁的嘴边）

手 指 眼 镜

一勾金（两手背对，小指相勾）

二勾银（无名指相勾）

三勾铜（中指相勾）

四勾铁（食指相勾）

一勾出来个老先生（两手由里外翻，中间抱着一个大拇指）

老先生又不见了（两手撒开）

到哪儿去啦？商店里面买眼镜（用食指指向前方）

老先生选了一副好眼镜（两手相互勾起，拇指与食指呈圆圈状当眼镜，放置眼前）

- 益智游戏，如"粘泡泡糖""萝卜蹲""神奇的百宝箱"等。
  * "粘泡泡糖"玩法：所有的孩子围成一个圆圈，边拍手边说："粘泡泡糖，粘泡泡糖。粘哪里？"老师说："粘肩膀（或身体的其他部位）。"孩子马上两人一组互相碰肩膀。
  * "萝卜蹲"玩法：孩子们围成一个圆圈，一个孩子开始说："××（该幼儿的名字）蹲，××蹲，××蹲完，×××（说另一个小朋友的名字）蹲。"被点到名字的小朋友开始游戏，依此类推。
  * "神奇的百宝箱"玩法：教师在纸盒上挖一个洞，或者缝个大口袋，里边放上形状、大小、软硬、光滑程度都不同的玩具和材料，做成一个百宝箱。让幼儿伸进手去一个一个地摸，猜出百宝箱中装的有什么，并按要求取出指定的玩具、材料。教师还可以搜集一些孩子们平时不熟悉的物品放在百宝箱中，向他们介绍这些物品的名字和属性，但不让孩子看到，教师用准确的语言去描述物品的特点，让孩子去摸，并说出其名字。

- 语言游戏，如适合小班幼儿的"看动作说词语"，适合中班幼儿的"猜一猜"，适合大班幼儿的"水可以用来……"等。

  * "看动作说词语"玩法：教师做一个动作，孩子说出相应的动词，并做连词应答。比如，教师做"抱"的动作，孩子说"抱——抱娃娃。"教师接着说："抱——抱西瓜。"孩子再接着说："抱——抱被子。"词组说得越多越好。

  * "猜一猜"玩法：在一固定可见的范围内（如教室、多功能厅等），由幼儿先提问："你看到了什么？"教师则依选定的目标（如电扇）给予相关的提示："我看到一个圆圆的、会转动的……"让幼儿依据这些线索猜出谜底。待幼儿熟悉规则之后，则多由教师提问，让幼儿提示线索，增加幼儿语汇表达的机会。

  * "水可以用来……"玩法：教师事先准备有关水的用途的小卡片（也可以做成幻灯片），然后请幼儿任意翻一张卡片，根据内容用"水可以用来……"的句式说出水的用途。教师还可以把"水"替换成"纸""火""风"等名词，发展幼儿的认知能力，锻炼幼儿的发散性思维。

- 音乐游戏，如适合小班幼儿的音乐游戏"碰一碰""五官歌""拉个圆圈走走"等，适合中班幼儿的音乐游戏"猜拳游戏""游公园""风爷爷"等，适合大班幼儿的音乐游戏"数高楼""扫落叶""机器人"等。

活动建议

游戏内容的选择可根据时间灵活调整。如果时间充裕，可以安排新学一些游戏或音乐游戏；时间较短，则可以玩些手指游戏等收放快些的游戏。

（二）餐后活动之角落游戏

幼儿进餐速度的不一致，导致教师在此环节指导工作上的两难。教师一方面要关注幼儿进餐，帮助他们养成良好的进餐习惯；另一方面要顾及已经用完餐，开始进行餐后活动的幼儿。如何二者兼顾呢？"角落游戏"可以解决这个两难问题。

"角落游戏"就是把教室的剩余空间进行分割规划，创设一个个角落，并根据幼儿的年龄特点、兴趣爱好，创设丰富的游戏内容，吸引用餐结束的幼儿到各个角落进行自主游戏活动。餐后过渡环节让幼儿在角落中进行活动，能大大减少幼儿餐后乱跑的行为，以及因跑动、碰撞而发生的安全事故。形式多样的餐后过渡活动，肯定会深受幼儿的喜爱。

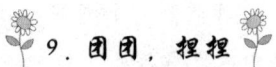

9. 团团，捏捏

泥塑活动材料准备简单，只需一盒橡皮泥、一块泥工板、一些小工具就能让幼儿开心、自主地创作。在泥塑活动中，幼儿学习并灵活地运用团、搓、压、捏等各种泥塑技能，满足了幼儿想象创作的兴趣，同时也能提高幼儿的手眼协调能力。

活动准备

各类泥塑工具、材料。

活动实施

- 幼儿进餐结束后，选择泥塑工具与材料。
- 进入泥塑空间，自主或结伴共同讨论创作（见图4.1）。
- 活动结束，把物品整理归位。

图 4.1

活动建议

小班幼儿常常会任意地创造一些简单的形象,中班幼儿开始有了立体造型的意识与追求,大班幼儿对细节塑造有了更多的关注。教师可以根据幼儿各年龄段的特点,在泥塑空间投放一些适宜的泥塑图片、制作步骤图示与工具,供幼儿欣赏与学习。

除泥工外,还有折纸、手工制作等,这些内容都可以放在角落中让幼儿自主选择、自主游戏(见图4.2、图4.3)。

图 4.2

图 4.3

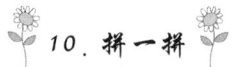

10. 拼一拼

拼图是幼儿最喜欢的益智玩具之一。别小看这些小小的一块块的拼图,它们能充分培养幼儿的认知能力、逻辑思维能力、观察能力和解决问题的能力。

活动准备

各种"拼图板"若干。

活动实施

- 鼓励幼儿自主挑选喜欢的拼图板。
- 幼儿选择拼图角落,先取出拼图板中的全部拼图整齐地摆放在桌子上,然后开始拼图游戏。
- 活动结束,归类整理。

活动建议

小班幼儿的拼图可以从两块、四块开始，待幼儿了解了拼图的方法后，再逐步变成六块、八块、十块等不同块数的拼图。

指导幼儿拼图时，先指导他们找出直的边沿的板块，把外围拼好；再根据颜色、图案等信息进行拼摆。要先从分辨较清晰的模块开始，像毛发、食物、四肢等，先易后难，这样可以节省很多时间。

11. 棋类小站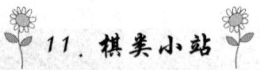

棋类游戏是一种智力游戏。它取材简便，收放自如，能让幼儿两两结对或三五成群游戏。这类游戏富有竞争性、趣味性，能深深吸引幼儿。在棋类游戏的开展过程中，能发展幼儿的注意力、记忆力、观察力、思维力等各种能力。

活动准备

"趣味棋""飞行棋""五子棋""中国象棋""围棋"等。

活动实施

- 幼儿自主结伴挑选棋子，并选择下棋区域。
- 明确下棋规则，开展棋类游戏。
- 活动结束，把棋盘放回原处。

活动建议

中、大班阶段，教师可以陆续投放一些棋类材料。但由于学前阶段幼儿以具体形象思维为主，所以在刚开始投放棋盘时最好选择图文并茂的趣味棋，这样更能吸引幼儿的兴趣。随之，可以再投放"五子棋""象棋"等益智类棋盘。

教师还可以根据幼儿的兴趣爱好、班级公约、数学活动内容等，利用各种废旧物品制作简单的棋盘和棋子，如"计算棋""安全棋""公约棋""翻翻乐"等，并引导幼儿遵守下棋公约"下棋不悔，观棋不语"，从不同角度多元地发展幼儿的能力。

12. 心情日记

绘画是一种游戏，也是用来进行交流、表达认识、抒发情感的一种工具。幼儿绘画是每个幼儿情感的真实流露，它是有"灵性"的。因此，教师应该引导幼儿记录成长过程中的点点滴滴——对春天第一朵花开的欣喜，对夏天第一支冰淇淋的期待，对秋天第一片落叶的感伤，对冬天第一片雪花的幻想……孩子们的一幅幅画就像日记一样记录下他们成长的轨迹。

活动准备

"心情日记本"，笔（勾线笔、彩色水笔、水粉笔），颜料。

活动实施

- 自主选择绘画工具，进入绘画角落。
- 根据所思、所想在"心情日记本"上自由表达（见图4.4）。

图 4.4

活动建议

瑞吉欧教育理论曾指出"孩子有一百种语言"，那么绘画就是孩子们的第二种语言，而不是学习技能的一种工具。教师应鼓励孩子用画画的形式把每天的所见、所闻、所思、所想表达出来。

如果有时间，教师可以为孩子记录下画面的内容，注明作画日期。

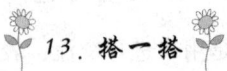
13. 搭一搭

建构游戏也叫结构游戏，在这种游戏中幼儿经历操作与建构，理解材料、模型和建筑物之间的空间关系与逻辑联系，再现并创造性地表达生活经验。

活动准备

各种积木。

活动实施

- 幼儿选择喜欢的积木类型，独自或结伴进行建构游戏（见图4.5）。
- 活动结束后，把积木归类整理好。

图 4.5

活动建议

针对小班幼儿，可先让其充分摆弄熟悉材料，随意拼接成自己喜欢的形状，体验建构的乐趣。在此基础上可设计建构图纸，逐步引导幼儿从材料、模型、主题三方面进行建构，促进幼儿建构水平的发展。

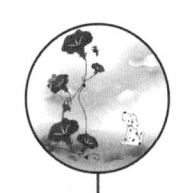

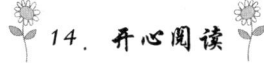

14. 开心阅读

在阅读角落中，幼儿能自由而充分地享受阅读时刻，可以续编、仿编、创编自己喜欢的故事并用绘画或剪贴的方式进行表达，经历图书的制作与管理过程。

活动准备

在阅读角投放大量的书籍以及可供幼儿绘画、剪贴的工具与材料。

活动实施

- 幼儿安静有序地进入阅读区。
- 幼儿在图书柜中挑选自己喜欢的书，回座位认真阅读。
- 看完一本放一本。

活动建议

首先，从小班开始，教师要指导幼儿学会用食指和拇指一页一页地翻书，并懂得阅读时要安静，不能打扰别人。其次，在投放书籍时应考虑幼儿的年龄特点定期更换，以激发幼儿的阅读兴趣。最后，可以在阅读区开辟一个小角落，投放胶水、胶带、剪刀等工具，引导幼儿及时修补、自制图书。

（三）餐后活动之民间游戏

民间游戏，是指流传于广大人民生活中的嬉戏娱乐活动，俗称"玩耍"。它是儿童生活中不可缺少的一部分。丰富多彩的民间游戏不仅可以促进幼儿身心健康发展，而且能使幼儿增长知识，发展他们的智力。

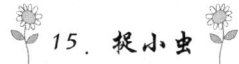

15. 捉小虫

这是一项有趣的手指游戏：大树上有许多洞洞，洞洞中许多小虫

（手指）在抖动，吸引着孩子们去抓。这是多么有趣的场景啊！通过这个游戏，可以锻炼幼儿小肌肉的灵活性和反应能力。

活动准备

用木料做成如穿衣镜般的框架，高度适合孩子，用白布蒙上，在白布上用油彩画上一棵大树，在树上随意挖开几个洞，如手指大小，供幼儿自由玩耍。

活动实施

- 一人或几人躲在"大树"背后，从洞洞中伸出手指头不停地抖动，表示小虫。
- 其他幼儿去抓小虫，小虫迅速缩回（抽回手指头），尽量不被抓住。

活动建议

这个游戏适合低年龄段的幼儿开展，要把框架置于活动室中幼儿不易碰到的地方，活动结束后"大树"还可以用来美化室内环境。

16. 炒蚕豆

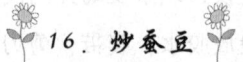

"炒蚕豆，炒蚕豆，炒好蚕豆翻跟头。"相信这则童谣大家并不陌生，它唤醒了很多人童年的快乐回忆！孩子们一边说童谣一边"炒蚕豆"，在感受到民间游戏趣味和快乐的同时，也达到一种身体和思维的平衡。

活动准备

幼儿已经学会念这首童谣。

活动实施

- 幼儿邀请一位好朋友。
- 找个空场地，和好朋友面对面，手拉手。
- 两个好朋友边念童谣，边做动作（见图4.6、图4.7）。

图 4.6

图 4.7

活动建议

这个民间游戏是徒手进行的，可以让幼儿在餐后等自由游戏时开展。

17. 接长龙，开火车

用自己的小手连接成一列长长的火车，对年龄小的幼儿来说，这是非常有趣的一件事。幼儿在互相配合中，既活动了手指、手腕、手臂，发展了肢体动作协调能力，又在身体接触中增进了相互之间的了解，发展了同伴间的友谊。

活动准备

两名以上幼儿。

活动实施

- 每个幼儿双手握拳，再分别竖起拇指和小指。
- 用右手小指勾住自己左手的拇指，连成小龙。
- 领头者以自己的"龙尾"小指，去勾住另一人的"龙头"拇指，一个接一个，一次连成一条由小手接成的"长龙"。
- 长龙接成后，大家一起运动手腕、手肘，边念"轰隆隆开火车"边向前进，反复几次后学火车鸣笛声，直至"长龙"散开，游戏结束。

活动建议

这个民间游戏适合低年龄段的孩子开展。

（四）餐后活动之做力所能及的事

在幼儿园的一日活动中，教师应引导幼儿做力所能及的事，这样能满足幼儿发展的需求，有利于培养幼儿的自理能力，帮助幼儿从中体验自我服务的乐趣和成长的快乐，树立劳动光荣的意识，培养做事的责任感。

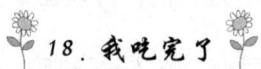

18. 我吃完了

在餐后活动中可以让幼儿学习简单的生活自理技能，提高幼儿的动手能力，让他们知道自己的事情自己做，体验自我服务的快乐，感受自己的成长。

活动准备

餐具分类桶，抹布。

活动实施

幼儿整理自己的餐具，并分类摆放整齐。

活动建议

小班幼儿应该在教师的指导下学会清理菜渣的正确方法，并学习分类摆放餐具；中、大班幼儿应学会自主整理，并试着帮保育员把餐具放到清洁处。

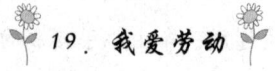

19. 我爱劳动

餐后过渡环节中，可邀请部分幼儿做值日生，共同做好班级桌椅的清洁、地面的整理、物品的摆放等工作。在做值日生的过程中，幼儿可以体验为他人、为同伴服务的乐趣，增强做事的责任感。

活动准备

抹布、扫帚、拖把等。

活动实施

- 值日生用抹布清洁、整理班级的桌椅，并摆放整齐。
- 值日生清扫地面垃圾，保持地面的整洁。

活动建议

值日生工作是幼儿体验劳动的主要途径，每个幼儿都应参与。小班幼儿可从整理自己的餐具开始，然后学习整理桌面，再为小组服务。中、大班幼儿可以做好班级桌椅的清洁、地面的整理、物品的摆放等工作。

刚开始做值日生时，教师可结合实践教幼儿一些劳动的方法，帮助幼儿提高做事的能力，并通过各种形式使幼儿感知值日生对自己和他人的意义，从而喜欢做值日生。

四、温馨小贴士

餐前餐后的过渡环节，教师应多运用音乐创设轻松、愉快的环境氛围，让幼儿身心得到舒缓；应避免集中高控、统一安排的倾向；尊重幼儿的个体差异，"以幼儿发展为本"，满足活动与活动间转换的需要，促进下一环节的有效开展。总的来说，教师应把握以下三点：

◆餐前餐后过渡环节的核心——以幼儿为主体，教师少干预、多鼓励。

◆餐前餐后过渡环节的形式——灵活多变，集体、小组、个别相结合。

◆ 餐前餐后过渡环节的内容——精心设计，有趣、多样，勿单一重复。

餐前餐后的过渡环节蕴藏着丰富的教育资源，只要教师合理利用、灵活组织，便能承上启下、有效过渡。

一、清洁整理的价值阐释

入园是幼儿离开家庭开启的第一次独立旅程。当幼儿置身于幼儿园这个新的环境,一方面丰富的玩具、有趣的活动、可爱的同伴强烈地吸引着他们,而另一方面多个需要自理的生活环节如清洁整理等却让他们束手无策。由于幼儿年龄小、动作发展不协调以及家长包办代替等诸多原因,使得刚上幼儿园的孩子往往面临着不会正确盥洗、不会有序整理等生活方面的问题,从而影响幼儿在园一日活动的流畅与舒适。

幼儿教育离不开幼儿的生活,对于成长中的幼儿来讲,每天周而复始的吃喝拉撒、清洁整理正是他们学习独立生活的开始。清洁整理过渡环节,就像一日生活中的间奏,是幼儿园舒适生活和环境的保证。培养幼儿清洁整理的好习惯,对幼儿的一生都具有积极的作用,更为他们适应未来的生活奠定了心理基础和能力基础。

从习惯养成上来看,学会正确地洗手、知道餐后要漱口、懂得使用完毕物品应放回原处……这些细小的生活习惯,将伴随幼儿的一生。然而在幼儿园里常常会存在清洁整理环节草草了事,教师包办整理的现象。本章意图重新唤起教师对于清洁整理这个幼儿园一日生活中必备过渡环节的重视，在幼儿园与家庭的共同合作下，帮助幼儿养成受益一生的习惯。

从公德意识上来看，清洁整理不仅是个人生活的需要，同时也会影响周围的人和环境。随着中国经济的发展，越来越多的中国人到世界各国旅游，而国人盥洗的诸多不良行为常常被世人诟病。盥洗前的排队等待、盥洗后的清洁整理等都不容小觑，应让幼儿从小理解社会公德的重要性，并主动遵循。

从责任意识的萌芽上看，清洁整理有助于幼儿养成细致、负责的社会情感。幼儿正是在各种整理活动中逐渐培养耐心、细心，收获责任与担当的。在幼儿园一日活动结束时，幼儿应该将物品分类摆放、物归原位，不要出现一片狼藉的情况。

二、清洁整理的组织策略

清洁整理过渡环节贯穿于幼儿园一日活动之中，从内容上可分为清洁与整理两个部分。清洁环节主要包括洗手、洗脸、漱口、如厕等，整理环节包括自我物品的整理以及集体物品的整理。根据活动和幼儿个体的需要，从组织方式上可分为集体性活动与个体性活动。站在幼儿的角度，根据清洁整理过渡环节发起方的不同，可分为"被动型"与"主动型"两大类。本章采用问题切入、对比分析的方法，本着充分尊重幼儿的个体需求、积极引导幼儿自主管理的理念，提供多种清洁整理的有效策略。

（一）营造提示性清洁整理环境

请看以下两个案例：

案例 1

某日，某幼儿园中（2）班盥洗室传出争吵声，幼儿 A 跑来告状，说幼儿 B 在洗完手后到处乱甩，不小心把水溅到了幼儿 A 的眼睛里。

教师环顾洗手池周围，发现确实有很多水渍溅在玻璃上、水槽外、地面上，这样不仅容易使幼儿滑倒，存在安全隐患，还非常不卫生。

案例2

某幼儿园小（3）班盥洗室的洗手台上有一组生动形象的图片，将洗手的过程以幼儿能够理解的方式记录下来，并用箭头和数字区分了顺序。在取洗手液和厕纸处，贴出了画有"×"和"√"的标识，提醒幼儿节约使用洗手液和厕纸。

《幼儿园课程实施和保教质量评价记录表》中明确指出："环境中要有幼儿易于识别的安全、健康、生活等规则提示。"而这些"提示性"环境，能够帮助幼儿自主、有序地进行清洁整理等活动。上述第二个案例中，教师正是意识到环境对幼儿的提示作用，对盥洗室环境进行了巧妙设计。众所周知，幼儿正处于具体形象思维时期，他们往往需要借助具体事物作为思维的支柱，对于脱离形象的抽象概念较难处理。此外，幼儿由于年龄小，自控能力较弱，常常会被其他更有趣的事情所吸引，因此就需要有人或者环境时时处处提醒他们，从而帮助他们逐步形成一种既定的习惯。当前，在幼儿园的一天中，教师用于提醒的话占了非常大的比例，长此以往，不仅阻碍了幼儿自主性的发展，还容易让幼儿产生依赖性，导致教师一不提醒，盥洗室里幼儿就不能遵守规则。而环境恰恰能够起到很好的"提示"作用，在幼儿盥洗整理前，它们会给予正面的引导，帮助幼儿按照要求完成相关的活动。

班级内为幼儿清洁整理创设的相关环境，主要分为以下两个部分：

（1）创设盥洗室温馨有序的环境。一天中，幼儿需要反复使用这一间小小的盥洗室，所以拥有整洁有序的盥洗环境是非常重要的。教师可以将需要归整的物品分门别类摆放，如漱口杯、洗手液、卫生纸、脏毛巾和干净毛巾等，使所有幼儿经常使用的盥洗用品都有固定且合适的位置，并为孩子们贴上标识，用提示性环境告诉他们物品应该摆放的正确

位置,并督促幼儿遵守(见图5.1、图5.2)。

另外,受盥洗室位置、天气和幼儿洗手习惯的影响,盥洗室地面有时会出现潮湿的现象,这也会成为幼儿盥洗中的安全隐患。教师除了需要教育幼儿洗手后在水槽内甩手、用毛巾擦干手外,还可以通过环境图示提醒幼儿小心慢走,不要推挤。

图5.1

图5.2

(2)**梳理清洁整理的步骤和要点**。清洁整理环节涉及幼儿自我服务能力的诸多方面,比如洗手应该怎么洗,漱口应该怎么漱,如厕结束后要做哪些事情,整理物品的时候应该放到哪里,等等。这些都可以借助"提示性"的环境来实现。教师将幼儿洗手以及如厕后塞衣服的步骤通过绘画或者照片的形式直观地呈现出来(见图5.3、图5.4),就能够很好地帮助幼儿学会正确地洗手和如厕后塞衣服。

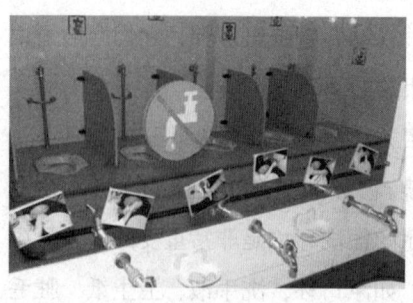
图5.3

图5.4

除了图片，教师还可结合之前开展的儿歌教学，以儿歌的形式来增强图示的"可读性"。比如，漱口方法就可以用图片与儿歌相结合的形式来表现（见图5.5-图5.7）。

手拿花花杯，喝口清清水
图 5.5

抬起头，闭着嘴
图 5.6

咕噜咕噜吐出水
图 5.7

（二）提供可变性清洁整理方式

请看以下两个案例：

案例1

户外活动结束了，孩子们蜂拥至盥洗室，小小的盥洗室因此变得拥挤不堪。琦琦和拉拉因为争抢水龙头吵起来；乐乐洗完手一转身便撞上了正准备洗手的宁宁，宁宁马上大声地哭了起来。于是，厕所里充斥着"老师，他不排队还推我""老师，他把小便弄在我的裤腿上了"的吵闹声。好不容易处理完盥洗环节的突发情况，集体教学活动开始了。教师刚开始绘声绘色地讲述故事，就被一个怯生生的声音打断了："老师我要上厕所。"

案例2

区域活动中，几名幼儿正在美工区愉快地游戏。这时一名幼儿完成了一幅玩色作品，对同伴说："我去洗手，等等就回来。"然后他拿起一块"马上回来"的牌子，不慌不忙地走向盥洗室。不一会儿，他如厕完毕，又投入到快乐的游戏中。

每个幼儿对于盥洗的需求不同，教师应该尊重幼儿的个体差异，不搞一刀切；对于在集体教学中要求盥洗的幼儿，特别是低龄段的幼儿，应满足其要求。从以上两个案例中，我们不难发现教师在日常带班的过程中，在清洁整理环节存在着两个较为突出的问题。一方面，由于幼儿人数较多，教师很难用一种整齐划一的方式照顾到每个幼儿的盥洗需要；另一方面集体的盥洗整理又引发了消极等待的现象，更严重的是拥挤容易产生安全隐患。幼儿园盥洗室的水龙头、马桶的数量都是比较有限的，如果活动一结束，幼儿便集中盥洗，势必会产生安全隐患，出现如案例1所描述的现象。因此，教师需要采取措施，尽量减少集体盥洗，可以采用"按需盥洗""分批盥洗"的方法分散幼儿在盥洗室的时间，缓解空间上的拥挤。本着尊重幼儿的个体差异、逐步引导幼儿达到清洁整理环节自我管理的目的，本书从时间和形式两个方面提供了可行性策略。

（1）**时间上的可变性，自主与统一相协调**。幼儿年龄小，模仿和从众心理比较明显，有时无法认清自己是否真的需要上厕所，更会因为想玩水和洗手液一次次地去洗手。有时，他们还会因为很想玩玩具而忘记在过渡环节上厕所，导致忍不住拉裤子的情况发生。针对这些情况，教师可结合实际情况在时间上进行调整，做到集体活动、户外活动前提醒幼儿上厕所，为活动的顺利开展做好准备。同时在幼儿的自主活动和游戏时间，应灵活机动地根据需要安排幼儿盥洗。比如案例2中，教师为那些需要暂时离开的幼儿准备了"马上回来"的牌子（牌子的另一面写着"欢迎光临"，见图5.8），避免了幼儿为了怕自己的作品被破坏而不愿盥洗的情况发生。

图 5.8

(2) 形式上的可变性，分流和分工相结合。 在盥洗环节，幼儿等待的情况比较普遍。一般幼儿园班额设置人数都比较多，少则 25 个，多则 40 个，因此在集体清洁整理环节常常会出现拥挤的情况。比如，户外活动后，幼儿回到教室推挤着上厕所、洗手。

引导幼儿有序地排队等待，避免拥挤产生的安全隐患，是教师在清洁整理环节需要特别引起重视的。正如案例 1 中所描述的，大量的幼儿涌进盥洗室非但没有提高盥洗环节的时效性，在推挤吵闹中幼儿反而容易出现磕碰争吵的情况，这与教师的引导有着直接的关系。通过不同的调节方式，教师能够有效地缓解清洁整理环节的消极等待问题，提高时效性。

① 途径一：分流。

针对幼儿人数较多的情况，可以让幼儿分组如厕、洗手，疏导如厕的人数。引导幼儿排队，倡导"女士优先""特殊情况优先"的谦让意识，在时间上进行调节。另外，由于幼儿的性格、能力不同，完成各项活动也存在着时间差。比如，有的孩子吃饭较快，吃完后即可进盥洗室漱口，不必等所有幼儿吃完后一起漱口。

幼儿园的活动一般分为集体教学活动和自主游戏活动。自主游戏降低了活动的高控性，使幼儿能够根据自己的需要完成如厕、喝水、洗手等环节。较之小班幼儿，中、大班幼儿的自我意识发展迅速，能够较好地协调活动和生活环节之间的关系,因此教师大可以将主动权交给幼儿,使盥洗环节更加轻松、畅快。通过分流的方式,保证了在一定的时间和空间内,幼儿人数的相对减少,能够起到很好的调节作用。清洁整理过渡环节的最终目的,就在于让幼儿能够合理自主地按需进行该项活动。

② 途径二:分工。

清洁整理过渡环节中,有些活动需要每个人的参与,但有一些可以由其中一人承担为大家服务的职责。比如,在餐后环节幼儿需要洗脸,可以由每组推选一名值日生进盥洗室将消毒完毕的毛巾拿出来,每组幼儿再从值日生手里领取洗脸毛巾,这样做很好地缓解了拥堵和消极等待的情况发生。另外,合理地分工和专人负责的形式还有助于培养幼儿的任务意识,增强幼儿的责任感。

在整理环节,分工合作更能够提高实效性。同时,教师应从幼儿的年龄特点出发,安排相关的整理工作。比如,区域游戏结束,可以让中、大班的幼儿合理分工,产生一个安排工作的小组长和一个整理结束后的检查人员,保证整理的效果。但是在小班阶段,就很难进行这样的分工合作,此时教师可以为幼儿提供相应的单一的任务,并积极鼓励和肯定幼儿的这种整理行为。整理的过程,不仅可以锻炼幼儿劳动的耐心、细心、责任心,还可以使他们从中习得关于分类、排序的概念,是幼儿成长过程中不可缺少的重要环节。

(三) 开启清洁整理三方合作模式

案例1

幼儿户外活动结束回到班级中,盥洗室被挤得水泄不通,有个别幼儿推推挤挤、吵吵闹闹。过了一会儿,部分幼儿如厕、洗手完毕,开始在教室里"游荡"。此时,教师既要照顾盥洗室内的幼儿,引导他们有序上厕所,帮助他们整理衣裤,又要兼顾教室内的幼儿,忙得不可开交。

案例 2

幼儿园某大班的教师请婚假,由其他班级的教师来代课。代课教师发现,该班幼儿的生活环节并不需要他的特别帮助,班级幼儿间互相帮助、互相整理,场面温馨融洽。小值日生们也能够根据活动的需要,摆放绘画工具、分发书本、整理玩具等。

自20世纪90年代以来,关于独生子女的教育弊端一直广受社会关注。由于隔代教育、包办代替、无原则溺爱等不适宜的教养方式,使得这些刚入园的幼儿成为"无力照顾自己"的一群孩子。案例1中,幼儿不会自己系裤子、不会用手纸擦屁股的现象非常常见,这就需要教师手把手教幼儿如何盥洗整理。但实际情况是,幼儿园带班教师一般分上、下午班,而保育老师常常会兼管幼儿园公共场所的卫生,并可能因为打扫卫生、领取食品等工作离开,这就导致班上基本上只有一名教师。因此,如何让这些自我服务能力较差的孩子能够逐渐自主地完成清洁整理环节,就显得非常重要。

(1) 转变陈旧的教育观念,帮助幼儿循序渐进地养成良好的清洁整理习惯。当前,部分幼儿园教育观念还停留在"知识本位"的层面,常常忽视幼儿清洁整理等生活技能的培养,更没有为这些技能的培养预留时间。我们一方面抱怨在园的幼儿生活能力低下,另一方面却采用包办代替节省时间的方式剥夺了幼儿的自我服务权利,使得这种情况得不到改善。因此,幼儿教师应该转变教育观念,着眼于实际,着眼于细小之处,从最基本的厕纸怎样使用、要用多大的量、便后需要冲水以及洗手、漱口的方法入手,逐步提高幼儿的自我清洁整理能力。当幼儿具备了一定的自我服务能力后,教师可以引导他们互帮互助,如冬季检查彼此的裤子有没有穿好等。

(2) 合理调配,多途径促进幼儿自我管理能力的提高。案例1中描述的场景几乎存在于每一位新教师的带班过程中,即清洁整理过渡环节不能做到在一个时间点完成，造成幼儿分批分堆，很难开展其他活动。加上教师还要协助和管理幼儿的盥洗整理活动，常常会变得手忙脚乱。此时，合理的调配尤为重要。幼儿入园的最初几个月，也是幼儿清洁整理习惯养成的关键阶段，教师可以邀请家长共同提高幼儿的清洁整理能力，从帮助幼儿认识自己的漱口杯、毛巾到学习怎样正确地洗手、漱口以及使用蹲坑等开始做起，每周突破一个难题。同时，班级内的三名教师应本着长远发展的目光，共同提高幼儿的清洁整理能力。案例2中描述的场景，是一位非常负责的教师经营了三年的成果。由于该教师的持之以恒，到了大班，幼儿的清洁整理能力得到了很大的提高，不仅能够自理，还会进行"管理"。

在清洁管理过渡环节前后，教师可适当加入案例分析、问题解析、鼓励评价的内容，激发幼儿自主清洁整理的积极性，纠正不良的行为习惯，日积月累提高其清洁整理能力，培养其良好的生活卫生习惯。

三、试试这样做

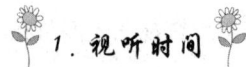

1. 视听时间

在幼儿盥洗环节，由于等待和个人生理需要的不同，常常会出现一拨幼儿还在盥洗室，另外一拨幼儿已经盥洗完毕回到教室的情况。如何安排这个阶段的活动，是教师感到棘手的问题。"视听时间"，借助多媒体手段，或用录音机或用电视机，将零星的时间赋予新的价值。视听内容的选择，是其中最为关键的要素。建议幼儿园能为幼儿的生活自理技能提供有效的学习媒介，让幼儿在有趣的生活画面中习得相关的经验。

活动准备

故事磁带、CD、VCD以及播放机。

活动实施

● 当一拨幼儿从盥洗室出来后，播放事先预备好的视听资讯。

- 当全部幼儿盥洗结束，询问幼儿从播放机中听到或看到了什么，并引导幼儿进行交流和讲述。
- 每周设定一个自我服务的内容，请幼儿根据画面中看到的进行练习，帮助幼儿掌握简单的生活技能，如正确地洗手、使用厕纸等。
- 可根据不同年龄段幼儿的特点选择相关的视听内容。

活动建议

在进行了一个阶段后，教师可以视幼儿掌握的程度，转换下一个内容；也可纯粹采用娱乐的方式，放松幼儿的心情。比如，播放一些深受幼儿喜爱的动画片的片段，如《猫和老鼠》，以便请盥洗结束的幼儿一起观看。不过，在组织幼儿观看视频时，教师应严格遵循健康用眼的原则，要求幼儿与电视机保持较远的距离，并且不允许其长时间地看电视。此外，录音机、CD 播放器也是一种非常好的选择，音频的播放方式有助于更好地培养幼儿的倾听能力。这些方法能够有效地消除消极等待，也能有效地避免幼儿长时间在盥洗室里"磨蹭"。

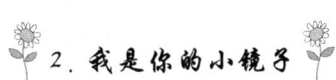

2. 我是你的小镜子

幼儿盥洗结束时，我们常常会发现有一部分幼儿不整理衣裤，对自己的"仪容"完全忽视。在小班年龄段，虽然班级教师和保育员会协助幼儿系好裤子，但是也应该有意识地培养幼儿对于自己"仪容"的关注度。"我是你的小镜子"活动，要求幼儿在盥洗结束时找到另一名幼儿，互相检查衣着是否整齐。

活动准备

引导幼儿找到同伴，并根据事先约定的内容互相检查。

活动实施

- 当幼儿盥洗结束时，要求幼儿找到一位朋友做他的"镜子"，看看衣服是不是塞在了裤子里，湿漉漉的小手有没有擦干净，或者是否有幼儿将衣服当作了擦手布等。
- 当幼儿发现对方没有穿好裤子时,应提醒对方进行自我整理,或互相帮助整理。
- 教师对"我是你的小镜子"活动效果进行评价,表扬和鼓励任务完成得好的幼儿。
- 在倾听幼儿诉说互相检查的结果的过程中,教师应留意班内幼儿间盥洗习惯和盥洗技能存在的差异,对有困难的幼儿进行个别指导和关注。

活动建议

"我是你的小镜子"活动要求幼儿富有责任心,对自己和对方负责。小班幼儿由于年龄小,主动意识处于萌芽期,可由教师指定同伴进行检查。这个同伴一般是固定的,是视幼儿的能力进行搭配的。教师应注意提高该活动的趣味性,并鼓励幼儿认真完成任务。教师可以提供一段事先录好的音频,将检查的任务用有节奏的儿歌表达出来。比如,引导幼儿互相检查是否系好裤子时,教师可自编以下儿歌:

我是你的小镜子,照照你的小肚子。
哎呀呀……裤子没系好,我来帮帮你。

教师还可以根据每周或者每月的侧重点不同,将要求编进儿歌,引导幼儿有意识地开展活动。随着幼儿进入中、大班,教师应让幼儿在自我检查的基础上进行互相检查,关注检查的结果,帮助有困难的幼儿养成良好的习惯。

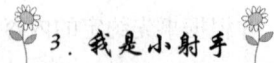
3. 我是小射手

在幼儿园的男孩如厕区,男孩们有时会故意将小便洒到其他人的身上,或洒在小便池外。针对这样的现象,教师可以用"我是小射手"的

活动来进行有效的引导。教师只需要在男孩小便池的相应部位张贴一个卡通动物或者靶心的图示，就能够有效地避免这样的情况发生。男孩们对"我是小射手"的游戏乐此不疲。

活动准备

卡通防水贴。

活动实施

● 根据需要将卡通防水贴贴在小便池的相应位置。
● 向班中男孩讲述游戏的规则，看谁瞄得准。
● 要求男孩在如厕时有序排队。

活动建议

在贴纸的选择方面，教师应该避免让男孩产生不管是什么"小动物"都可以射的意识。教师可以为幼儿提供"小花小草"类贴纸，让幼儿进行"灌溉"，知道人类的粪便是植物生长的养料。另外，也可选择一些对人类有害的动物，如苍蝇、蚊子、蟑螂等，在不知不觉中提升男孩的"正义感"以及对害虫的辨识能力。"我是小射手"游戏开展最初，男孩们有可能因为对刚提供的"贴图"非常感兴趣而争抢，教师应引导他们有序排队，避免拥挤和争吵。随着时间的推移，男孩们对于贴纸习以为常后，这样的情况就会很少出现了。

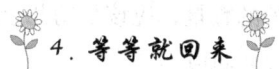

4. 等等就回来

在幼儿园的一日生活中，除了由教师提醒的集体盥洗外，还有幼儿根据自身需要自发进行的盥洗。比如，在区域活动等自主游戏中，正在建构区快乐搭建的幼儿需要上厕所；或者在美工区涂鸦弄脏了小手的幼儿，需要短暂地离开自己活动的区域去盥洗，但是他们又担心自己的离开会使"半成品"被其他幼儿破坏，无奈之下憋尿就成了幼儿常常会做的选择。"等等就回来"活动，通过把一块小小的工作牌放在幼儿工作的地方，表示这里有人正在工作，"请不要拆掉我的作品"或"占用我的游戏场所"。

活动准备

"等等就回来"告示牌若干。

活动实施

- 事先明确"等等就回来"告示牌的用处,在教室中找一个方便幼儿取放的固定位置摆放,并且让每个幼儿都知道这个位置。
- 在游戏过程中,提醒需要盥洗的幼儿使用"等等就回来"的告示牌。
- 在使用的最初阶段,教师应该关注幼儿暂时离开后是否仍有其他幼儿去占用这个空间。如有,要帮助周边的幼儿合理约束自己,体现该告示牌的作用。
- 关于"等等就回来"告示牌,可从幼儿进入群体生活后就开始使用。借助这样的小贴士,能够提高幼儿主动排尿和遵守群体规则的意识。

活动建议

告示牌可由幼儿自己制作完成,这样能够提醒幼儿告示牌的存在——只要自己有需要,就可以使用。选择制作的材料,应该是安全、醒目、牢固、耐用的。在放置告示牌时,应避免频繁更换位置,应该把它放在不影响幼儿日常学习、生活、打扫的地方,便于幼儿在自主游戏环节随时能拿到。告示牌的数量,应该是幼儿全班人数的三分之一,并且要求幼儿在使用完毕后放回原处。

5. 轻松留白时

幼儿园的活动内容是丰富有趣的,但是对于一个有着30多名幼儿的班集体来说,属于个人的时间是少之又少。所以在盥洗前后,教师不妨为幼儿留些"轻松自主"的时间,让幼儿的心灵得到放松。他们可以在盥洗完毕后坐在一起快乐地聊天,分享自己的见闻;可以去自然角照

顾和观察动植物；可以拿出自己最喜欢的玩具玩一会儿；也可以什么都不做，只是对着天空发呆。"轻松留白时"，绝对不是在浪费幼儿的时间。

活动准备

盥洗前后留出 10 分钟时间或在全班盥洗结束后提供 5 分钟时间。

活动实施

- 与幼儿约定一周的某一天盥洗后，会有一段"快乐的自主时间"，他们可以根据自己的意愿来安排这段时间。
- 在这段时间内，教师应该尽量不参与，让幼儿自由选择活动内容，甚至可以在教室内一个不起眼的地方静静地待着。只要没有需要立刻处理的突发问题，就不要打扰幼儿。
- 用一种声音来宣布这段时间的结束，如铃声、拍手声等。

活动建议

"轻松留白时"可以在中班阶段开始尝试，在大班阶段全面实行，因为大班幼儿对自主的需要已经开始显现。这段时间内的安全问题，是教师需要重视的，但是在没有遇到紧急的必须由教师出面解决的问题时，教师要尽量避免干预。教师可以在活动开始前，和幼儿约定好规则：不伤害自己和他人，也不影响他人。教师可以在这段时间当一个安静的观察者，观察幼儿的兴趣爱好和情绪变化。

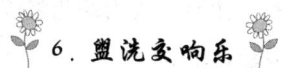

6. 盥洗交响乐

幼儿盥洗、如厕需要宽松的氛围，在盥洗、如厕前及过程中播放优美、舒缓的音乐，可以让幼儿轻松地盥洗与如厕。同时，舒缓的音乐可以缓解幼儿急促冲向盥洗室、完成盥洗活动的焦急心理，让盥洗、如厕变得轻松、快乐。

活动准备

录音机、磁带或 CD、CD 播放机。

活动实施

- 前一活动结束，教师播放舒缓的班得瑞的音乐或者交响乐，暗示幼儿盥洗时间到了。
- 请幼儿谈谈：听了这样的乐曲，你有怎样的感觉？你喜欢在盥洗、如厕时听到这样的音乐吗？
- 告诉幼儿舒缓的音乐是在提醒小朋友盥洗、如厕时不要着急，慢慢来，如厕不急的小朋友可以先听会儿音乐。
- 以此舒缓的音乐作为盥洗的信号，幼儿按需、分组有序、快乐地盥洗、如厕。

活动建议

选择音乐时，以确保幼儿有良好的盥洗、如厕心理氛围为原则；也可拓展音乐选择的范围，中、大班幼儿可以自由选择他们喜欢的背景音乐。同时，音乐也并不是一成不变的，教师可根据实际需要做定期的调整与更换。

7. 照片整理法

在繁琐的整理环节，孩子们常常会丢三落四，弄得混乱不堪。因此，在开始活动前，教师应引导幼儿有目的地观察该环境的原来的样子，并用照相机记录下来，让照片成为幼儿整理的依据。这样的做法非常契合幼儿园孩子具体形象思维的特点。

活动准备

照相机一台，事先拍摄游戏区环境的照片并贴于区域内。

活动实施

- 游戏前引导幼儿仔细观察游戏区环境，明确不同玩具的摆放位置。
- 请幼儿闭上眼睛，教师拿走一样玩具，请幼儿睁开眼睛想想它应该放在哪里。

- 对照照片,检验是否放对位置。
- 讲解这样分类的道理。

活动建议

可在新区域材料投放的初期,拍摄多张幼儿不同时间整理后的照片,了解幼儿整理中存在的困难并适度调整。

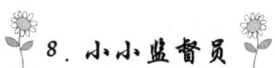

8. 小小监督员

幼儿园的许多生活规则,可以由幼儿参与讨论制定。虽然在开始时,幼儿提出的规则还不全面,但随着活动的开展以及幼儿生活经验的丰富,他们会把不合理、不全面的规则进行调整。让幼儿成为自己生活的主人,成为教育活动的主体,可以促使他们积极主动地发展自己,看到自己的力量,意识到自身的价值,而且帮助他们体验到自主活动带来的乐趣。因此,同伴间的相互检查、督促、学习是幼儿明确、巩固规则与要求的方式之一。"小小监督员"正是基于这样的背景应运而生的一个活动。

活动准备

"小小监督员"红色小袖章。

活动实施

- 邀请值日生或者请幼儿推举一名代表担任"小小监督员",检查、监督同伴在盥洗、如厕中的行为表现。
- 小小监督员负责检查小朋友做得怎样,包括:洗手时是否注意节约用水?便后是否及时洗手?在盥洗室里能不能有序地轮流、等待?
- 小小监督员应及时提醒需要注意的同伴,以保持良好的盥洗室环境。

活动建议

担任"小小监督员"需要幼儿具备一定的观察、分辨、内省能力,因此,小班可在幼儿意愿的基础上选择"小小监督员",中、大班的

"小小监督员"可采取幼儿自荐、同伴推荐等方式产生。为确保幼儿的主动性及自我监督性,可以选择一些做得不够到位却略有进步的幼儿,以推动幼儿在做监督员的同时督促自己养成更好的盥洗、如厕习惯。

这个活动还可以与"盥洗礼仪小明星"相结合,将"小小监督员"督查到的良好行为进行记录,以评选出小明星,为幼儿提供学习的榜样。

9. 快乐手指谣

如何确认幼儿在盥洗过程中是否认真、细致、是否洗干净手了呢?这就需要教师的深入了解和检查。教师可以采用边请幼儿做手指游戏边检查的方式将检查与游戏巧妙地结合起来,以达到目标。

活动准备

幼儿已经学习了一些手指游戏。

活动实施

● 当幼儿陆陆续续盥洗完回到活动室时,教师可以组织他们玩些熟悉的手指游戏。在幼儿边诵念手指游戏歌谣边做动作时,教师分别检查他们的手是否洗干净了。

手 指 谣

一个手指头呀,一个手指头呀,变呀变呀变呀,变成毛毛虫呀,爬呀爬呀。(依次伸出左右手的食指,两个手的食指相对,做毛毛虫状向前爬)

两个手指头呀,两个手指头呀,变呀变呀变呀,变成小白兔呀,跳呀跳呀。(依次伸出两手的食指和中指,做兔子耳朵状,放于头顶两侧,做摇动耳朵状)

三个手指头呀,三个手指头呀,变呀变呀变呀,变成小花猫呀,喵喵喵呀。(依次伸出两手的食指、中指、无名指,做小猫胡子状,

放于嘴巴两侧,做翘胡子状)

　　四个手指头呀,四个手指头呀,变呀变呀变呀,变成大螃蟹呀,爬呀爬呀。(依次伸出两手的食指、中指、无名指、小指,做螃蟹八只脚状,放于身体两侧,做螃蟹爬动状)

　　五个手指头呀,五个手指头呀,变呀变呀变呀,变成小鸟呀,飞呀飞呀。(依次伸出左右手,张开手臂做小鸟状,手臂上下摆放,呈小鸟飞翔状)

　　十个手指真——能——干。(双手拍手,分别伸出大拇指)

- 在幼儿陆续回到活动室的过程中,教师可以分别检查他们的盥洗情况。至于手指谣,教师可以根据幼儿到活动室的时间适时地调整内容,以避免幼儿感到单调乏味。

活动建议

　　小班幼儿受年龄特点和能力等的限制,对同伴进行检查还存在困难,因此,在手指谣的诵念中需要教师的直接检查;中、大班幼儿可尝试在手指谣的诵念中进行自我检查与同伴互查,以提高检查的效率。

　　教师可以鼓励幼儿搜集更多的手指谣,这些手指谣在一日活动其他过渡环节也可以渗透使用。

第五章　清洁整理——舒适生活的保证

10. 我帮娃娃擦屁股

　　在幼儿园,幼儿不会自己系裤子,不会正确使用手纸擦屁股的现象比较常见。想让幼儿渐渐成长为一个独立的人,就应该培养他们从掌握最基本的自我服务技能入手。但是,怎样让每个幼儿都学会擦屁股这样一个比较隐私的技能呢?根据幼儿爱模仿的心理,教师可以运用"我帮娃娃擦屁股"这样一个游戏情境,把使用手纸、擦屁股的技能渗透在游戏里,让幼儿在潜移默化中学会生活技能。

活动准备

小娃娃或小动物玩偶若干个，手纸若干。

活动实施

- 创设情境，出示娃娃玩偶，提出问题：小娃娃，年纪小，大便后不会擦屁股，应该怎么办？
- 幼儿回忆自己或家长是如何为自己擦屁股的，并尝试展示过程。
- 教师示范并解说正确的擦屁股方法：先取出手纸（一般为一张手纸），简单对称式折叠，从前向后擦拭，擦拭后将手纸扔进纸篓筐，再取一张手纸再次擦拭，直至擦拭干净为止。
- 幼儿学习使用正确的方法为娃娃擦屁股。
- 提醒幼儿，在自己如厕时也要使用这样从前往后的方法擦拭屁股，以保证屁股卫生。

活动建议

教师应提醒幼儿在使用手纸擦拭干净屁股的同时要注意节约，树立环保、节约的意识。有部分幼儿，特别是低年龄段的幼儿，存在因为不会使用手纸擦屁股而不愿意在幼儿园大便的现象，教师应利用本活动提醒幼儿有便意时一定要及时排便，如有需要可以向老师、保育员请求帮助。

11. 便捷识别小妙招

班级里幼儿人数众多，如何能够快速地了解幼儿清洁整理的相关情况呢？只要动动脑，不用太麻烦，小妙招帮你办。比如，了解幼儿有没有漱口，可以从杯子的摆放方向来判断。教师事先和幼儿约定，如果杯口朝下就代表自己已经漱口结束。如果是不方便扣过来的茶杯架，可以让幼儿将茶杯柄统一朝一个方向。教师还可以通过毛巾的折叠、整理后的挂牌等形式，来了解个别幼儿清洁整理的情况。

活动准备

因地制宜，就地取材。

活动实施

- 与幼儿事先约定完成清洁整理环节后物品的规定摆放位置或方向，如茶杯口的上下位置。
- 教师通过便捷的呈现方式，了解幼儿清洁整理的情况。
- 针对相关情况，及时提醒幼儿漱口、洗脸等。

活动建议

各幼儿园、各班可以根据自己幼儿园、班级的实际情况和物质条件创新方式，但过程一定要简便，特征一定要明显，以便班级教师能够以最快捷的速度了解幼儿的盥洗情况。

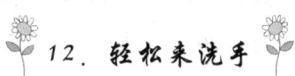

12. 轻松来洗手

儿歌作为一种为幼儿创作的、符合幼儿心理特点和欣赏趣味的、易读易唱易记的诗歌形式，其所蕴涵的教育价值在盥洗领域体现得尤为突出。这些有关盥洗的儿歌，孩子们念起来朗朗上口，并能从中悟到洗手的重要性和良好的洗手方法，同时又给幼儿渗透了节约用水的意识。

活动准备

没有什么物质上的准备，教师只要口头念儿歌即可。

活动实施

- 列举洗手儿歌若干首，如下：

小螃蟹洗手法

两只小手手碰手，你背背我，我背背你，

来了一只小螃蟹，伸出两只大钳子，

你向我点点头，我向你点点头，

你和我握握手，我和你握握手。

我会洗小手

饭前便后要洗手，打开水龙头，淋湿小小手，
摸下小肥皂，正搓反搓出泡泡，
再用清水冲小手，小手甩三下，关紧水龙头，
节约用水很重要，做个讲卫生的好宝宝。

小手变成"馒头花"

饭前便后要洗手，
我和肥皂握握手，泡沫白花花！
我和清水握握手，清水哗啦啦！
我和毛巾握握手，水珠不见啦。
两只小手握一握，变成一朵"馒头花"。

长袖变短袖

长袖变短袖，打开水龙头，小手冲一冲，
摸上香香皂，搓出小泡泡，
清水洗、甩三下，再用毛巾擦擦干，短袖变长袖。

活动建议

儿歌固然朗朗上口，但如果能配上生动形象的洗手流程图，让图示配合着儿歌更能起到画龙点睛的作用。

13. 节水我最行

节约用水，从小做起。盥洗室是幼儿园室内水资源最为丰富的地方，每次洗手需要水，上完厕所也需要水，水资源的高使用率使其成为

幼儿环保教育的主要阵地。如何把握幼儿的心理发展特点，抓住教育的实质，避免空泛的说教呢？图示与音乐这种视听方式的结合最为有效。

活动准备

图示，包括照片、简笔画与简单标志；音乐，包括《节水歌》《水龙头》《节约用水才应该》等。

活动实施

- 张贴节水标志。在洗手池的墙壁上张贴节水标志，包括水龙头的正确使用方法，洗完手后拧紧水龙头，不玩水等。在洗手池的醒目位置张贴"漏水的水龙头半小时可滴下多少水""水的颜色意味着什么""没有水后的地球会是什么样子""缺水地区儿童的生活"等节水宣传画，提醒幼儿节约用水的重要性。

  在座便器的上方，张贴小便与大便后座便器冲水按钮的选择图示，让幼儿知道正确选择冲水马桶按钮也能节约很多水。

- 播放节水音乐。当幼儿进入盥洗环节时，教师可播放节水歌，视听结合帮助幼儿将节水意识内化于心。

活动建议

教师应根据幼儿的年龄特点选择相应的图示种类，一般小班适合张贴照片，中、大班幼儿可在教师的指导下参与节水标志的绘制。在让幼儿养成节水习惯、学会节水方法的同时，可引导他们了解水的循环利用，比如在洗手池龙头下放置小水盆，将使用过的水冲洗马桶。

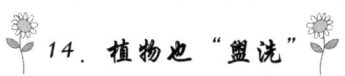

14. 植物也"盥洗"

盥洗环节，幼儿间总会存在时间差，如何让部分幼儿的消极等待环节不再消极是教师需要长期研究的工作。在分批盥洗的基础上，除了让等待的幼儿做些自主游戏、集体音乐游戏外，还可让他们帮助植物"盥洗"，在完成自我服务的同时服务于动植物，提升责任感。

活动准备

水壶，除草工具，小毛巾，小脸盆等。

活动实施

- 我帮植物喂口水。把帮助植物浇水放在盥洗环节也是不错的选择。幼儿在轮到做植物角值日生时，可根据实际情况选择盥洗前或盥洗后进行这个活动。水源可以是幼儿洗手用的水，这样可以二次利用水，既节水又环保。
- 我帮植物来"洗漱"。在盥洗前或盥洗后，值日生可帮助植物擦拭叶子，清洁灰尘。
- 我帮植物来修剪。在盥洗前或盥洗后，值日生可帮助植物拔除杂草，修剪枝叶，让植物健康生长。

活动建议

自然角包括植物与动物，在服务植物的过程中，幼儿也可照顾动物。水源的循环利用要建立在水质状况良好的基础上，若是肥皂水还是用来冲刷马桶为好，不适合浇灌植物。

15. 温馨大带小

经过幼儿园一两年的生活，幼儿的清洁整理能力得到了很好的锻炼。对于小班刚入园的孩子来说，中、大班幼儿是货真价实的大哥哥大姐姐，他们不仅具备了自我服务的能力，还能够帮助比他们小的弟弟妹妹缓解入园焦虑，解决生活难题。在清洁整理环节，大带小活动可以培养大孩子的责任心和乐于助人的品格，更能够在小孩子心中灌输榜样的力量。

活动准备

与中、大班班对班结对，并明确任务。

活动实施

- 请中、大班哥哥姐姐示范正确的洗手、漱口方法。

- 按照计划和要求开展大带小活动，请中、大班幼儿指导小班幼儿正确地洗手和漱口。
- 中、大班幼儿还可随机帮助小班幼儿检查裤子，整理玩具等。

活动建议

采用班对班的结对方式，能够增进大孩子和小孩子之间的情感。教师可以经常性地开展这样的活动，让中、大班幼儿有目的地指导小班幼儿学习一项生活技能，也可以随机协助小班幼儿。

四、温馨小贴士

我们不难看到，清洁整理的过渡环节不同于正式的教学活动，其组织形式是轻松多样的，教师可以把自己的教育意图渗透其中；它不是线性的，可以重复，也可以随时中断。在组织清洁整理环节时，教师应把握以下三点：

◆ 控情绪，莫催促。教师应调整一日活动流程安排，改条状为块状，给予幼儿更多的自主权，避免造成时间的紧迫感，使幼儿产生焦虑情绪，影响其心理健康。

◆ 巧安排，免等待。教师可以通过分流、自主等方式调控幼儿盥洗的人数，把控幼儿盥洗的时间，减少幼儿的消极等待。

◆ 观全局，顾个体。教师应该面向全体幼儿，细心观察，及时发现需要帮助的幼儿，给予鼓励并适度协助。

第六章

温馨入眠，快乐苏醒
——活力一天的驿站

一、午睡前后过渡的价值阐释

《纲要》指出："幼儿园必须把保护幼儿的生命和促进幼儿的健康放在工作的首位。"而幼儿身体健康与其具体的生活方式、环境、卫生保健服务等因素有关，其中保质保量的睡眠举足轻重。睡眠不仅具备调节幼儿身体机能的作用，还对幼儿的生长发育至关重要。因此，午休时间教师要合理地引导幼儿逐步习惯午睡并养成良好的自理习惯，为其一天的身心和谐发展、健康成长加油添力。

午睡前后的过渡环节是幼儿自由、自主的身心放松时间。教师可通过环境营造、音乐运用、游戏渗透等方法帮助幼儿建立温馨、有序的自主时间和空间；也可以在这一环节中对幼儿实施个别指导和教育，培养其积极愉悦的情绪，保证每个幼儿的午睡时间，提高幼儿午睡的质量。

本书将教师对午睡教育价值的认同作为提高幼儿午睡质量的一个突破口。"幼儿园的午睡并不仅仅满足幼儿的基本生理需要，它更是幼儿放松身心，养成良好的生活习惯、卫生习惯的教育契机；独立入睡以及午睡前后的穿脱整理，不仅满足了幼儿手眼协调、精细动作发展的需要，更为其生活自理能力的养成提供了良好的锻炼机会；自我服务、自我管理能力的发展，不仅培养了幼儿的独立意识，更为其终生发展形成良好而独立的人格打下基础。"……从这些意义出发，本书形成了"人性氛围营造""拟人游戏开发""个性习惯培养""自我服务支架""无为模式管理"等一系列午睡过渡新模式，以期帮助更多的教师改变观念，有的放矢地落实《指南》的保健精神。

二、午睡前后过渡的组织策略

案例1

盥洗后幼儿陆续进入午睡室，午睡室内也随之嘈杂起来。动作快的幼儿已经脱完衣服钻进被窝；动作慢的幼儿刚刚进来却不往自己的床边走，而是和好朋友说着悄悄话。好不容易幼儿都躺下了，但一只只小手仍不停地挥舞着自娱自乐。尽管教师不断地强调"闭上眼睛，安静地睡觉"，但仍有幼儿翻来覆去，告状声此起彼伏……

案例2

欢快的起床音乐响起，早已苏醒的幼儿一跃而起，动作麻利地穿好衣服。晚睡的幼儿却还沉浸在睡梦中，一旁的同伴用力将其摇醒，而这些孩子往往会皱着眉头不愿起来，好不容易坐起来也是睡眼惺忪、神情迷茫。一旁的保育老师开始整理床铺，催促他们快点穿衣服，孩子一脸的不愿意。等到他们盥洗完坐到餐桌旁，速度快的幼儿已经将点心吃完开始自由活动了。而这些还没睡醒的幼儿则表情呆板地坐在餐桌旁，手里拿着点心继续神情游离。这时，教师为了保证集体教学的按时开展，又开始在他们身边催促……

午睡前后，由于不同幼儿动作速度的个体差异较大，分布也比较分

散；加之教师既要帮助个别幼儿整理衣服，又要维护秩序，经常会顾此失彼，午睡室的秩序总是显得不是很好，正如上述案例1和案例2中描述的那样。

针对这样的现状，教师应该对幼儿出现的问题进行剖析，本着"以幼儿为本"的理念重新审视我们的教育。教师要问问自己这三个问题：我将幼儿的生活质量放在第一位了吗？我们的教育方式是幼儿能够且乐意接受的吗？关注个体差异，我落实了吗？

教师应尊重幼儿的生活与发展规律，让教育去适应幼儿，而不是相反的结果。怎样有效地衔接各个环节是教育者要思考的问题。教师不仅要考虑如何实施与幼儿能力相适宜的保育与教育，更重要的是让幼儿过真正快乐、自主、充实的生活。

因此，为提高幼儿午睡的质量，教师必须重视午睡前后过渡环节的价值，运用恰当的策略提高过渡环节的有效性。

（1）营造温馨人性的环境，保障幼儿午睡安全。教师可在午睡室内的墙面粘贴一些处于睡眠中的动物或布置一些星星、月亮等符合睡眠环境的图案，以营造睡眠的安静氛围。在幼儿进入午睡室前教师要拉上窗帘，用较低的音量播放一些轻音乐。当幼儿进入午睡室时听到轻柔、舒缓的音乐，受音乐的暗示，他们的脚步和动作也会变轻。这时教师可以用轻柔的声音说："闭上眼睛听音乐会更美。"通过这些方法为幼儿入睡营造一个安静、舒适、宽松的睡眠环境，从而缩短幼儿的入睡时间。

合理安排幼儿的床位也是保证幼儿午睡质量的一个重要方面。易尿床和活泼好动、爱说话的幼儿，最好睡在教师能够照顾到的地方。

进入午睡室前，教师应督促幼儿及时大小便，然后指导幼儿按顺序脱衣服，整齐摆放，并告诉幼儿穿脱衣服的正确方法、睡觉时的正确睡姿，让幼儿感受到老师对他们的关心和爱护，从而安心地进入睡眠。

此外，教师也应在午睡前消除安全隐患，而每天的手口检查是关键，教师要避免幼儿将豆子、珠子等不安全的物品带到床上。这个措施特别重要，年轻教师更不能忽视。

第六章 温馨入眠，快乐苏醒——活力一天的驿站

(2)开发生动有趣的游戏和故事,促使幼儿愉快入眠。幼儿天生是喜欢游戏的,因此利用游戏性语言更能引起幼儿的兴趣,更容易被幼儿接受。比如,可以和幼儿玩"充电游戏"。教师掏出手机说:"小手机,来充电,快快藏好小天线。关上开关闭上眼,安安静静电充满。现在你们都变成我的小手机,开始充电。"听到老师这么说,孩子们就会马上藏好天线(把胳膊放在被子里),闭上眼,安静"充电"了。

午睡时,给幼儿讲睡前故事,也是让幼儿安静入睡的好方法。教师在选择故事时,应尽量选择一些安静、优美的童话故事,讲故事的声音要轻柔一些。幼儿为了能听清故事,自然会静静地躺好。当有幼儿说话时,幼儿间就会相互提醒:"嘘,别出声,我都听不见了。"

对于低年龄的幼儿,教师也可通过短小的儿歌让幼儿进入游戏情境。比如下面这首儿歌:

小朋友,睡午觉,幼儿园里静悄悄。
小花猫,有礼貌,进屋不吵也不闹。

(3)挖掘个体差异的成因,根治幼儿不良的习惯。对于难以入睡的幼儿,教师可以用语言进行鼓励:"睡个觉,做个梦,起床后把你的梦告诉老师。"教师可以坐在他们的身边,用手轻轻地拍其后背,并用温柔的声音和他们说话,直到他们入睡。

幼儿良好午睡习惯的养成,还需要家庭教育的配合。对于难以入睡的孩子,教师要及时与其家长沟通,寻找原因。很多孩子因为在家没有固定的作息习惯,跟着成人的睡眠时间,晚上睡得晚,早上起不来,中午不想睡。还有些孩子因受家庭环境或家长潜移默化的影响,染上了一些不好的睡眠习惯,如吸吮大拇指、弓着身体趴着睡觉等,这些都会导致幼儿睡眠质量下降,进而影响幼儿的生活和学习,甚至影响幼儿的身心健康。

针对以上问题,教师可以通过家长园地、特殊儿童交流本、个别交

流等与家长直接沟通,要求幼儿在家休息时采取与幼儿园一致的作息时间,从而使家园步调一致,相互配合,共同培养幼儿的午睡习惯。

(4) 提供多元的隐性支架,鼓励幼儿自我服务。因为午睡涉及幼儿的自理能力,所以这是培养幼儿生活能力的最佳契机。教师必须认识到其中的价值并通过各种途径帮助幼儿提高自我服务的能力。

比如,利用儿歌帮助幼儿学习有顺序地穿脱衣裤,折叠整齐;还可在角色扮演游戏中增设生活的内容,如扣扣子、叠衣服、给娃娃穿衣服等,使幼儿在游戏中学会一些基本的生活技能,并把这些技能迁移到午睡活动中。教师也可以通过墙饰,将具体的生活技能用图示的方法展示出来让幼儿模仿学习。

此外,教师还要与幼儿家长沟通,建议家长在家中不要包办,尽量让孩子自己的事情自己做。父母要有耐心,对孩子的点滴进步及时表扬和鼓励。家长在家里还可以通过儿歌、比赛的方式,使穿脱衣服变成一种有趣的游戏。

(5) 实施化整为零管理,静观幼儿的自主活动。过渡环节的一个明显特征就是宽松与自主。针对起床后幼儿穿衣速度快慢、身心苏醒时间不同的问题,教师可通过唤醒音乐、苏醒操等方法让幼儿的身心慢慢得到舒展,同时也避免动作快的幼儿消极等待。另外,可给每个幼儿配备一个书袋套在椅子上,这样动作快的幼儿可在座位上看看书;也可以为幼儿提供一些小游戏,如手指游戏、安静的民间游戏等,让幼儿在等待过程中享受游戏的快乐。

总之,午睡前后的过渡环节既要有序又要让幼儿自由、自主,教师既不能高控,让幼儿处于不断的消极等待中,也不能放任自流,使过渡环节失去其应有的教育价值。

三、试试这样做

1. 走走，走走

饭后散步是幼儿园一日生活活动中最惬意、自然、放松的活动，也是为幼儿提供最充分、最直观的观察与表达的机会。在散步中幼儿学习着遵守秩序，学习着相互问好的文明礼仪，学会关心大自然的动植物。同时，散步也能增加胃肠的蠕动，促进消化吸收。此外，散步使血液通畅，也有利于幼儿提高睡眠的质量。

活动准备

清点用餐结束的幼儿人数，整理好玩具、桌椅。

活动实施

- 根据幼儿的年龄特点，采取不同的散步方式。比如，小班幼儿是"领着走，跟着走"，中、大班幼儿是"大带小，结伴走"。
- 打破常规，彰显价值。排队也能玩，走路也能玩，让幼儿探索发现自主玩。在此过程中，潜移默化地启迪幼儿观察幼儿园的文化、动植物的变化，培养有爱心的、爱探索的孩子。

活动建议

饭后散步的过程中，蕴涵着教育的大智慧，随处可见教育契机。教师要重新审视自己的教育行为，更新教育观念，转变自己的角色、身份，从单纯的组织者、说教者变为幼儿学习、游戏的支持者，在生活中教育，在教育中生活。

2. 漱漱小口

幼儿进食后，牙齿的小窝小沟处、牙隙间、牙龈处等都会留有食物

残渣。为了清洁口腔，幼儿进食之后要及时漱口，这样会有效地把食物残渣从牙齿表面或牙缝里冲洗出来，减少口腔内的细菌，防止蛀牙。

活动准备

人手一个小杯子，镜子。

活动实施

- 帮助幼儿了解漱口的重要性。
- 幼儿学习漱口方法。教师先示范漱口方法，然后通过儿歌的形式进行总结。儿歌如下：

漱 口 歌

手拿花花杯，

喝口清清水。

抬起头，闭着嘴。

咕噜咕噜吐出水。

- 幼儿尝试漱口，并比比谁的牙齿最干净。

活动建议

教师要加强幼儿在生活自理能力和卫生习惯方面的培养，指导幼儿学习餐后、点心后主动擦脸、漱口等。不过，针对不同年龄段的幼儿，教师应提出不同的要求。比如，对于小班幼儿，他们应在儿歌、游戏中了解、学习正确的漱口方法，并在教师的引导和提醒下进行；中、大班幼儿则应学会正确漱口的方法，并养成进食后主动漱口的习惯。

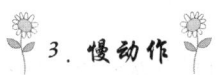

3. 慢动作

为了让幼儿从自主开放的餐后环节过渡到午睡环节，教师可以设计"慢动作"的游戏活动。比如，教师说口令，或轻轻敲击乐器，让幼儿随音乐节奏做动作，使身心都逐渐平静下来，做好餐后到午睡间的有效过渡。

活动准备

柔和的灯光，优雅的音乐，声音清脆的乐器（碰铃、铜碰钟）。

活动实施

- 幼儿倾听教师敲击的节奏，用肢体做慢动作。
- 幼儿慢慢地移到床边，脱衣裤，准备入睡。

活动建议

教师所敲击的节奏要缓慢，声音要柔和。针对小班幼儿，也可以营造"小猫睡觉"的氛围，设计"小猫走路的动作"，让幼儿在游戏情境中放慢动作。

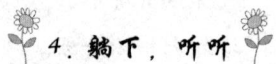

4. 躺下，听听

睡前故事一般都是由作家根据幼儿的心理发展特点专门为幼儿创作的，其生动的内容、浓郁的情意，能够打动孩子们的心。睡前给幼儿讲一个美妙的故事，不但能让幼儿在听故事时产生美好的联想，帮助他们进入甜蜜的梦乡，还能大大增强师生之间的感情。

活动准备

睡前故事，诸如生活习惯类、科学探索类、成语故事类等。

活动实施

- 幼儿进入午睡室后，脱掉外套、外裤。
- 整理衣裤，并叠放整齐。
- 幼儿钻进被窝，倾听睡前故事。

活动建议

故事的选择应符合幼儿的年龄特点。针对小班幼儿，教师应选择角色少、情节简单重复且关于生活卫生习惯培养的故事；针对中、大班幼儿，教师可选择情节丰富、无恐怖内容、能引起幼儿强烈好奇心的故事，不然会影响幼儿的睡眠。

睡前故事时间也不宜太长，最好控制在10分钟之内。教师应用平和、安静的语气讲述，以达到"催眠"的效果。下面分别列举适合小、中、大班幼儿的故事各一个：

小花花有礼貌（小班）

有一个小朋友，名叫小花花。早上妈妈送小花花上幼儿园，在路上碰到隔壁家的老奶奶，小花花笑嘻嘻地喊着："奶奶早！"奶奶听了眯眯笑，夸小花花是个好宝宝。

到了幼儿园，见到老师，小花花就说："老师早！"进了活动室看见小朋友，小花花就说："小朋友早！"老师和小朋友都喜欢她。

到了下午，小花花的爸爸来接她，小花花看见爸爸很高兴地跑过去喊："爸爸，爸爸。"爸爸抱住她，她回头向老师和小朋友挥挥手说："老师再见，小朋友再见！"

小花花多有礼貌啊，大家都说小花花是个有礼貌的好宝宝。

小熊住山洞（中班）

一年四季，小熊和熊爸爸都住在山洞里。早上，阳光照射进山洞，山洞亮堂堂的。可是到了晚上，山洞黑压压的；到了下大雨天，山洞湿嗒嗒的；到了刮大风天，山洞冷飕飕的。这样的日子，一天又一天过去，小熊也一天又一天长大、长高！于是，熊爸爸对小熊说："你去砍些大树，我们造间木头房子住。"

春天到了，小熊穿着一件衬衫高高兴兴地走进树林，看着一棵棵的树，说："啊！树上长满了绿叶，我舍不得砍。"大树们乐呵呵，熊爸爸也笑眯眯！

夏天到了，小熊戴着一顶太阳帽高高兴兴地走进树林，看着一棵棵的树，说："啊！树上开满了鲜花，我舍不得砍。"大树们也乐呵呵，熊爸爸又笑眯眯！

秋天到了，小熊披着一件毛衣高高兴兴地走进树林，看着一棵棵的树，说："啊！树上结满了果子，我舍不得砍。"大树们还是乐呵呵，熊爷爷也还是笑眯眯！

冬天到了，小熊围着一条围巾高高兴兴地走进树林，看着一棵棵的树，说："啊！树上站着许多小鸟，我舍不得砍。"大树们一样乐呵呵，熊爷爷也一样笑眯眯！

一年又一年，小熊没有砍树造房子，还是高高兴兴地住在山洞里，树林里的小动物都很感激小熊一家，他们送给小熊一束束美丽的鲜花。

守株待兔（大班）

宋国有一个农夫，每天在田地里劳动。

有一天，这个农夫正在地里干活，突然一只野兔从草丛中蹿出来。野兔因见到有人而受了惊吓，它拼命地奔跑，不料一下子撞到农夫地头的一截树桩上，折断脖子死了。农夫便放下手中的农活，走过去捡起死兔子，他非常庆幸自己的好运气。

晚上回到家，农夫把死兔子交给妻子。妻子做了香喷喷的野兔肉，两口子有说有笑美美地吃了一顿。

第二天，农夫照旧到地里干活，可是他再也不像以往那么专心了。他干一会儿就朝草丛里瞄一瞄、听一听，希望再有一只兔子蹿出来撞在树桩上。就这样，他心不在焉地干了一天活，该锄的地也没锄完。直到天黑也没见到有兔子出来，他很不甘心地回家了。

第三天，农夫来到地边，已完全无心锄地。他把农具放在一边，自己则坐在树桩旁边的田埂上，专门等待野兔子蹿出来。可是，他又白白地等了一天。

后来，农夫每天就这样守在树桩边，希望再捡到兔子，然而他始终没有再得到这样的机会。但农田里的苗儿慢慢枯萎了，农夫因此成了宋国人议论的笑柄。

5. 我融化了

音乐对神经结构，特别是大脑皮层，有直接影响。不同的乐曲作用于人的不同感觉器官，可使人产生安静、悲伤、兴奋等多种不同的情绪。睡前播放轻音乐，能稳定幼儿的情绪，起到安定催眠的作用。

活动准备

轻音乐的 CD，CD 播放机。

活动实施

待幼儿进入午睡室后，开始播放轻音乐。

活动建议

选择的音乐要柔和、安静、优美，可稳定幼儿的情绪，能让幼儿慢慢从餐后的愉快开放情绪过渡到午睡的安静休息氛围中来。

6. 我困了

在幼儿都躺下后，教师可以念些儿歌或者歌谣，这对于那些很难入睡的幼儿非常管用。教师可以坐在他们身边轻拍他们，减轻他们的焦虑，让他们很快安静下来进入梦乡。

活动准备

全体幼儿叠放好自己的衣裤，钻进被窝，闭上双眼。

活动实施

● 教师轻念儿歌《我困了》。

我 困 了

天黑了，我要睡觉了。

小脚不动了，小脚睡着了。

小手藏好了，小手睡着了。

小眼睛闭上了，小眼睛睡着了。

我困了，我睡着了……

- 幼儿聆听教师的儿歌闭上眼睛，把小手、小脚放进被窝，进入梦乡。

活动建议

教师念《我困了》儿歌时，孩子们潜意识里也会慢慢地稳定情绪，逐渐进入入睡模式。不过，这要在全体幼儿都钻进被窝，闭上双眼的前提下进行才有效。

7. 我会穿脱衣服

随着年龄的增长，幼儿的手部小肌肉有了较大的发展，动作逐步精细化，而且开始有独立做事的愿望。为此，从小班开始，教师应该逐步让幼儿学习穿脱衣裤，帮助幼儿学会生活自理。

活动准备

幼儿和教师的上衣、裤子。

活动实施

教师借助儿歌示范穿脱衣裤的方法，幼儿根据儿歌进行练习。

脱衣服	叠衣服	穿开衫
解开衣扣，	小衣服，放放好，	小老鼠造房子，
打开衣服，	小手抱一抱，	提领子，盖顶子，
滑下衣服，	点点头，弯弯腰，	小老鼠，找洞子，
脱下袖子。	我的衣服叠叠好！	东钻钻，西钻钻，
		吱吱吱吱上房子。

活动建议

幼儿学习自己穿脱衣服，可先从最简单的脱裤子开始，然后再学穿上衣。游戏是幼儿最喜欢的活动，教师可以运用儿歌、游戏活动和成人的正确示范，训练幼儿的自我服务技能。同时可以结合日常生活的各个环节，鼓励幼儿进行生活技能的操作练习。比如，在每天的来园、户外活动等环节，鼓励幼儿自己动手穿脱衣裤，叠好后放到自己的衣柜里。通过日常生活中持之以恒的练习以及家园的相互配合，幼儿能逐步掌握这些生活技能，提高自理能力。

8. 我会整理床铺

中、大班幼儿在生活自理能力方面较小班阶段有所提高，他们喜欢参与成人的劳动，做力所能及的事情，体验自我服务和为他人服务的乐趣。

活动准备

幼儿一人一张毯子。

活动实施

午睡后，让幼儿自己动手整理床铺，掌握整理床铺的方法，即把毯子铺平—两次对折—把毯子放在固定角落—铺平床垫（见图6.1）。

图6.1

活动建议

小班幼儿可以学习折叠毯子；中、大班幼儿在折叠毯子的基础上，还要学习整理床铺，以及帮助保育员老师一起搬床等。

9. 我爱打扮

几乎每个幼儿都喜欢照镜子、梳梳头，打扮一下自己。这是培养幼儿良好生活习惯的开端，教师应抓住生活教育的契机，让幼儿多参与自我管理，如学习梳理头发、整理自己的服饰、涂面油等，帮助幼儿获得生活自理能力，使他们逐步学会自我照顾，学会生活。

活动准备

盛发夹的容器，小梳子，镜子。

活动实施

- 入睡前，请每个幼儿把自己头上的发夹、发箍、橡皮筋等不安全的小物件放入容器盒中。
- 午睡后，让幼儿自己梳头。

活动建议

小班幼儿短发自己梳，长发可请老师帮忙梳理；中、大班幼儿短发自己梳，长发可互相帮着梳。

10. 我会系鞋带

对幼儿来说，学会系鞋带需要足够的耐心和一次次的练习。到了大班，幼儿手眼的协调性、灵活性都有很大的提高，动作逐步精细化。相信他们通过自身不断地练习，每个幼儿都有足够的能力掌握这项技能。不过，现在的家长为了方便省事，经常购买没有鞋带的鞋子，这样大大减少了幼儿练习巩固系鞋带的机会。为此，教师应做好家长工作，在幼儿学习系鞋带的这个敏感期，多运用儿歌、童谣、图示等方法使他们逐

步学会系鞋带。

活动准备

要求幼儿穿带鞋带的鞋子来园。

活动实施

- 提问：这是什么？你们会系鞋带吗？
- 教师示范并讲解系鞋带（蝴蝶结式系法）的方法，并用儿歌进行总结。

> 两个头儿，换一换
> 一个头儿向下钻，
> 拉一拉，变成船。
> 一个圈，两个圈，
> 换一换，钻一钻，
> 变成美丽的蝴蝶结。

系鞋带还有兔耳法。（第1步：鞋带两端打结；第2步：形成"兔子耳朵"（环）；第3步：两个耳朵交叉，单手握住，耳朵之间留洞洞；第4步：将一只兔子的耳朵塞入洞洞；第5步：从另一边拉出兔子耳朵；第6步：拉扯两个兔子耳朵，系好鞋带。）

- 幼儿拿出带有鞋带的鞋子，开始练习。
- 开展竞赛活动，看谁的鞋带系得又快又好。

活动建议

从大班开始，幼儿可以学习系鞋带了。教师可用形象生动的指导语指导幼儿学系鞋带，同时可以创设系鞋带的活动区。比如，请幼儿收集自己家里的小衣服、小袜子、有鞋带的小鞋子放在生活区，让幼儿练习给娃娃穿脱衣裤、鞋袜、系鞋带等，在游戏中练习和巩固系鞋带的方法。此外，教师应提醒家长在家里注意培养幼儿自己动手系鞋带的习惯。

11. 唤醒操

唤醒操是指在午睡后播放柔和的音乐，让孩子们在柔和的音乐中慢慢地舒展身体，用自然的方式调整睡醒后的状态，之后选择自然、适合律动的音乐，让幼儿醒后动一动、跳一跳。

午睡后的10分钟时间唤醒操，既可以帮助幼儿舒展肢体、放松身心，也可以帮助幼儿产生一定的运动量，有助于后续的点心环节开展。

活动准备

唤醒的音乐。

活动实施

- 教师播放唤醒的音乐。
- 在教师的带领下，幼儿随着音乐自然地摆动肢体，放松、自由、惬意地舒展着身体，调动体内能量细胞的逐渐苏醒和恢复。

活动建议

中、大班幼儿可以自由地舞动身体，也可以和好朋友三五成群、两两结伴自由舞动，或者跟随老师尝试不同的动作；托、小班的幼儿则可以在教师的带领下，进行情境化的趣味表演等。

唤醒操不要求整齐划一，音乐响起后，幼儿可以按照自己的速度进入跳舞的队伍中即可。

12. 猜中指

你知道猜中指是怎么玩的吗？猜中指是这样玩的：先打乱左手五个手指的位置，再用右手包住左手，露出一点"小脑袋"，最后让别人猜猜哪个是中指并点出来。

活动实施

- 请幼儿邀请自己的一个好朋友。

- 找个空场地，先让对方观察一会儿自己的中指。
- 背对着朋友，打乱一只手五个手指的位置，让"中三娘"变成"四小弟"或"小妞妞"，也可以把"中三娘"缩短一点，让它藏在其他手指兄弟中间，让它们保护它不被发现。
- 请好朋友猜猜哪个是中指并点出来。

活动建议

这个游戏简便易行，适合中、大班的幼儿开展。除了两个幼儿为一组进行游戏外，也可让幼儿多人一组进行游戏（见图6.2）。

图 6.2

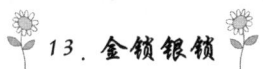

13. 金锁银锁

把自己的手掌想象成一把锁，在上锁的一瞬间锁住其他小伙伴的手指，是多么有趣的一件事。本游戏前半部分可以培养幼儿反应的敏捷性，后半部分"摸人"的游戏可以发展幼儿的推断力、记忆力，增进同伴间的友谊。

活动准备

2～5人一组。

活动实施

- 请一名幼儿蒙上双眼，一只手张开，手心向下，其余幼儿的食指触在蒙眼人的手掌中。
- 游戏开始，大家一起念儿歌——"小猫小狗，快快进来。金锁银锁，咔嚓一锁。"当念到最后一字时，蒙眼人立即合上手掌，其他幼儿则同时将手指抽出，谁的手指被捏住，就让蒙眼人猜猜他是谁，如三次猜不出，就要为大家表演节目（见图6.3）。
- 交换角色，游戏继续进行（见图6.4）。

图6.3

图6.4

活动建议

　　这个游戏适合3—4岁的幼儿开展。蒙眼人必须等儿歌念完后才能把手掌合上，蒙眼人可根据幼儿的声音或触摸他的身体，判断是谁。

14. 脚尖脚跟脚尖跳

　　这是一个身体动作游戏，可由两个以上的幼儿一起玩。该游戏受空间、时间、材料、人数等因素的限制较小，无论是在室外还是在室内，只要具备让幼儿立足的空间就可进行；不论时间的长短，哪怕只有几分钟，幼儿也可以玩得尽兴。幼儿边念儿歌边灵活地变换着腿脚的动作，从而锻炼腿脚力量和动作的灵活性。尤其是多人玩时，一人玩好后另一人紧接着玩，可以锻炼幼儿敏捷的反应能力。

活动准备

首先学习跳的基本步法：双脚轻轻离地跳。

活动实施

- 一人玩法：幼儿边念儿歌"脚尖脚跟脚尖跳"，边合着节奏跳。
- 几人一起玩：先让幼儿自己编号，清楚自己的号码。然后围成圈，若从1号开始，则1号边念儿歌"脚尖脚跟脚尖跳，1号1号喊2号"边跳，随后被叫到号的幼儿立刻接上，边念儿歌"脚尖脚跟脚尖跳，2号2号喊5号（可随意喊号）"……

活动建议

这个游戏适合中、大班幼儿开展。集体玩耍时，没有及时接上的幼儿被淘汰，坚持到最后的为胜者。教师也可以指导幼儿用小脚来玩"石头剪刀布"的游戏（见图6.5、图6.6）。

图 6.5

图 6.6

15. 踢踢绊绊

在具有浓郁地方特色的民谣《踢踢绊绊》中，幼儿坐成一排，伸出自己的小脚，有节奏地进行着一一对应的点数游戏。其质朴简练的语言，反映着老百姓朴素的生活，影响着一代又一代人。

活动准备

若干根点数用的小细竹棍，即"点金棒"。

活动实施

- 六个幼儿为一组,推选出一名幼儿做点金人,手里拿着点金棒(或用手指代替),其余幼儿坐成一排,伸出自己的双腿。
- 大家一起念民谣《踢踢绊绊》,点金人从最边上的一个幼儿的腿开始点数,每念一个字点一条腿(见图6.7),点完所有的腿再逆向折回来点数,就这样反复来回点数,直至念到民谣的最后一个字"进"时,被点到的那条腿要缩进去。

踢踢绊绊

踢踢绊绊,绊过南山。
南山北斗,鲤鱼开口。
新官上任,旧官缩进。

- 点腿游戏直至点到最后一条腿为止,最后一个人就成为新的点金人。

图6.7

活动建议

这个游戏适合4—6岁的幼儿玩。游戏可以反复进行,不过点金人要依次点数,不能间隔点数。

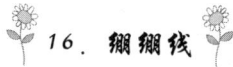
16. 绷绷线

绷绷线的游戏材料简单,游戏者对游戏空间、时间都可灵活自行掌控。此游戏对促进幼儿小肌肉的协调性、灵活性有益,特别是对幼儿的想象力、创造力的发展有积极的作用。

活动准备

绳线一根。

活动实施

- 两名幼儿面对面而坐,猜拳分先后。
- 一人绷线,另一人挑线,将原来的线形改变成新的花样,这样线从绷线人的手上移到挑线人的手上。
- 线在二人中间反复交替,绷不出花样者即为输者。之后,游戏重新开始。

活动建议

"绷绷线"游戏在民间广泛流传,这个游戏适合5—6岁的幼儿。一开始可由成人与幼儿一起玩,边玩边教给幼儿绷线的技巧。待幼儿掌握了一定的技巧后,可在小伙伴之间玩,绷的花样既可以相互模仿,也可以创造翻新。

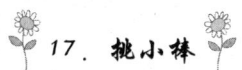
17. 挑小棒

挑小棒是一个老少皆宜的游戏,游戏材料非常简单,只需要一捆细棒。但随意撒落的细棒,其错综复杂的排列组合对挑棒者却是一个富有挑战性的任务。它需要挑棒者仔细观察,综合分析,需要挑棒者果断、镇定、细致、耐心,在众多相互关联的小棒中挑出适合挑的小棒。挑小棒的过程,能锻炼幼儿的注意力、观察力、判断力和控制力,使之养成认真细致的做事习惯。

活动准备

各种细棒或小棍若干。

活动实施

- 幼儿自由组合，人数以3～4人为宜，轮流游戏。
- 轮到的幼儿留下一根小棒，将其余的竖起来握在手里，小棒的下端碰到桌面，然后撒手，让小棒随意撒落，而后观察由撒落的小棒搭成的棒堆，用留下的小棒将组成棒堆的小棒一根根挑出，但是不能同时挑动两根或两根以上的小棒，也不能碰到其他的小棒，否则出局换另一人挑。
- 一轮结束后，数一数谁手中的小棒多谁就是胜利者。

活动建议

挑棒游戏所使用的小棒粗细应考虑幼儿的游戏水平。游戏开始时，可降低难度，让幼儿用比较粗、比较重的小棒。等幼儿掌握游戏技巧后，可加大难度，换用细小棒进行游戏。

四、温馨小贴士

午睡前后的过渡既是幼儿身心的平稳过渡，又是幼儿在园一日生活中生活能力培养的重要环节。在组织中，教师要把握好以下三点：

◆ 授人以鱼，不如授之以渔。生活能力的培养不是挂在嘴边的一句口号，也不是一蹴而就的。教师和保育人员要利用每次的生活环节让幼儿练习自我服务，逐渐掌握各项生活技能，切忌包办代替。

◆ 给予时间与技能上的支持。教师应给予幼儿充足的时间，正视幼儿的个体差异，利用环境、游戏、个别指导等途径为幼儿

提供技能上的支持。

◆创设宽松自由的氛围。午睡是幼儿休养身心的驿站，因此入睡前后也是身心由动及静再到动的一个平稳过渡时期。在组织过程中，教师可通过音乐、环境的变化以及安静类的小游戏等慢慢调节幼儿的身心，让幼儿在约定的范围内享受自由的快乐，体验自由与规则。

第六章 温馨入眠，快乐苏醒——活力一天的驿站

第七章

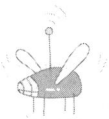

离园告别
——幸福时光的延续

一、离园活动的价值阐释

离园活动是幼儿园一日活动的最后一个环节，是由幼儿园生活转向家庭生活的过渡阶段。在这短暂的时间里，幼儿不仅需要整理自己的仪容仪貌、离园物品，和老师、同伴告别；还可回顾在园的活动和学习，分享自己的经验和收获；抑或梳理一天的情绪情感，感受师幼在一起的美好时光……教师只有组织好这一活动，才算是给幼儿在园的一日生活画上圆满句号。因此离园活动看似松散自由，但其有效开展对幼儿的意义是重大的。

从心理体验上来看，幼儿一整天离开父母独自在园生活，心中难免会思念家人，而在离园活动中他们知道即将回家，情绪转为放松，身心充满了愉悦感和幸福感。同时离园活动由于其自由自主的特点，幼儿能积极主动地投入其中，自主选择游戏和同伴，因此更容易获得放松感和满足感。可见成功的离园活动能延续并提升幼儿的快乐指数，让他们感觉幼儿园生活的美好，从而对第二天来园生活充满期待和向往。

从能力提升上来看，幼儿在离园活动中需要学习并进行物品归位、仪容清洁、衣着整理等活动,这一过程中他们的自我服务技能和生活能力都得到了锻炼。另外,幼儿在当值日生过程中,协助教师打扫卫生、整理物品等,增强了为他人服务的意识和能力,并感受到其中的快乐和成就感。

从礼仪习得上来看,幼儿在离园活动时和老师、同伴进行的告别游戏,能使幼儿养成主动和他人道别的习惯。

二、离园活动的组织策略

离园活动的组织实施有许多种形式,根据组织方式可分为集体性和分散性,根据内容安排可分为学习性和游戏性,根据活动来源可分为教师预设和幼儿生成等。本书按照时间跨度以第一个家长来接孩子和全部孩子都被接完为分界线将离园活动分为前、中、后三部分,即离园前的集体整理环节、离园中的接待游戏交融环节和离园后的教师梳理环节。其中,离园中环节因人员交杂、内容杂乱而最难组织,后文中也会加以重点介绍。

(一)离园前的集体整理环节

当幼儿园快乐的一天生活即将结束,幼儿即将投入家长的怀抱时,花上十分钟左右的时间带领他们进行各种整理工作尤为重要。但是这里的整理不仅仅是传统意义上的衣物整理,更是对他们一天所学、所见、所闻的思维整理和愉悦期盼的情绪整理。

案例 1

冬天的一个傍晚,一位家长来接幼儿时看到自己的孩子衣服歪歪扭扭,外套的扣子高一颗低一颗,棉毛衫长长的下摆露在外面,一撩就露出了肚子,衣袖和胸前都是湿嗒嗒的,不由皱起了眉头。

案例2

今天幼儿A好像情绪不太好,妈妈来接她时她耷拉着脑袋,见到妈妈的第一句话就是:"我讨厌幼儿园,明天我再也不要来上幼儿园了。"妈妈仔细一问,原来就在刚才孩子因为顽皮被老师批评了。

上述两个案例虽然发生在家长来接时的第二个环节,但起因都是因为离园准备时教师没有对幼儿的衣物、情绪等进行充分有效的整理,以致出现幼儿和家长不开心、不满意的状态。

(1) 衣物整理的细致性。家长来接时见到幼儿的第一印象就是他的整体仪容仪表,如果一个妈妈看到自己的孩子反穿着鞋子、露着小肚子,那她对孩子一天的在园生活肯定是要打问号的,所以离园前为幼儿整理衣物是教师每天必做的一件事。但是这里的整理不是指教师的包办代替,而是要教给幼儿正确的整理方法,比如,用儿歌《小肚脐藏起来》引导幼儿学习将小衬衣塞到衬裤里的简单方法,用图示"鞋子好朋友"让幼儿学习区分左右脚,等等。另外,除了指导幼儿对自身衣物进行整理外,随身物品的整理也非常重要。整理书包、把玩具送回家等,都是幼儿需要在离园前做好的工作。下面案例中教师的做法是值得我们学习的。

案例

某幼儿园的中(3)班正在开展离园前的整理活动,教师组织幼儿进行"摸摸扣子,提提裤子,包包肚子,看看鞋子"的自检活动,以及"找一找,看一看,伸出小手帮着干"的他检活动。不一会儿,幼儿一个个都穿戴整齐了。

(2) 思维整理的全面性。家长为了了解孩子的在园情况,往往会问他们:"今天学了什么?老师上课教了什么?有什么开心的事情?"幼儿园的生活虽然丰富多彩，但由于幼儿受年龄特点所限对于这些问题常常不知道怎么回答，所以教师可以利用离园前的时间对幼儿的一日生活进行梳理，谈谈当天学了什么、玩了什么、吃了什么……也可以带领幼儿把学过的儿歌背一背、故事讲一讲、歌曲唱一唱，这样幼儿既可以主动和家长交流幼儿园的情况，也可以让家长间接了解幼儿园的教育。

（3）**情绪整理的愉悦性**。在离园前对幼儿进行情绪整理往往被很多教师忽视，结果导致上述案例2中的情况出现。案例2中，幼儿A在离园前由于被老师批评而对教师和幼儿园产生抵触情绪，如果教师能在离园前和幼儿进行有趣的互动游戏，如送笑脸、拉拉钩明天见等，满足幼儿特别是托、小班幼儿对于情境游戏、情感寄托的需要，将会给幼儿带来兴奋和愉悦，避免不良情绪的产生，为幼儿高兴离园提供条件和保证。同时，良好的情绪也能辐射幼儿第二天来园的心情，使幼儿对第二天的来园充满期待。下面案例中教师的做法值得我们借鉴。

案例

某幼儿园小（1）班的幼儿洋洋，最近每天早上来园时都会哭闹一阵。因此在组织幼儿进行"拉拉钩明天见"的离园活动时，轮到洋洋的时候，教师特意地抱住他在他耳边说了一番悄悄话："笑脸娃娃喜欢你，先送你一个，明天早上看到你的笑脸再送你一个。"然后在他的额头贴上笑脸，并拉钩相约明天早上高兴地来园。第二天早上，洋洋果然没有哭闹，而是在老师面前露了一个大大的笑脸，期待着老师给他贴上笑脸娃娃。

（二）离园中的接待、游戏交融环节

案例

接送时间到了，校门一打开家长一拥而上来到教室，整个活动室就

像炸开了锅，一片混乱。有家长来接的幼儿跟老师说再见，家长没来接的幼儿有的趴在窗台上焦急地等待着，有的三三两两在教室里奔跑打闹，还有的不停地问老师："我妈妈什么时候来接？"而教师则不停地做着救火队员，一边和家长交流幼儿的情况，一边和回家的幼儿说再见，间或还要冲上前阻止打闹的幼儿，提醒奔跑的幼儿……当教室重新安静下来时，教师不由叹了口气："为什么每次家长来接的时候都这么乱？"

上述案例中的场景一定在很多幼儿园出现过，教师像个救火队员不停地穿梭于教室各处，恨不得长上三头六臂却又对教室里闹哄哄的场景无能为力。的确，在离园活动中由于家长三三两两来接，导致教师需要同时接待家长、和幼儿告别、管理其他幼儿等，组织实施方面较难协调。因此，教师选择适宜的活动内容，和配班教师之间相互配合以及培养幼儿形成良好的常规，就显得尤为重要。下面将从教师指导和幼儿活动两个层面来阐述这一环节的有效组织原则和策略。

（1）教师的有效指导。这一点主要表现在以下三个方面：
①班组教师互相配合，合理分工，共同组织好幼儿的离园活动。

案例

接送时间到了，家长三三两两来接幼儿，这时中（4）班主班教师站在教室门口和家长简单地交流幼儿的在园情况，并和每一个幼儿道别，配班教师在教室里和那些家长还没来接的幼儿玩橡皮泥和积木，生活老师则站在衣帽区帮助幼儿拿取书包、外套等。

案例中的三位教师进行了合理的分工，各自的指导重点明确，整个离园活动也因此变得井然有序。
②关注全体幼儿，特别是晚接幼儿的情绪状态。教师在组织离园活动时要明确关注的主体是幼儿，而且是全体幼儿。幼儿是否有追逐打闹等危险行为？他们玩得开心吗？他们的情绪是否正常？来接的是他的亲

人吗……这些都是教师需要关注的地方。同时当幼儿陆续被接走而教室里只剩下个别幼儿的时候,他们的情绪往往会比较低落且内心充满不安全感,这时教师要及时开解并抚慰幼儿的情绪,可以轻轻地拥抱着幼儿告诉他们:"妈妈已经在路上了,妈妈马上就到了。"

③和家长交流幼儿在园的重要情况和典型行为。和家长交流幼儿的情况是离园活动的一项重要内容,也是家园合作的重要窗口,但是交流的内容需要教师好好把握。比如有些内容是必须要交代的,像幼儿受伤了、身体不舒服了、大小便在裤子里了等,及时的沟通交流能争取家长的理解和信任;有些内容可以选择性交流,像幼儿特别好的表现、取得的进步和表现不好的地方。另外,交流的时间点也很重要,简单的内容可以见缝插针地聊两句,复杂的内容要选择相对比较空闲的时间段,并提前和配班教师进行沟通。另外,教师也可以利用 QQ、短信、电话等方法提早或延后交流,把更多的时间留给幼儿。

(2) 幼儿的有序活动。请先来看以下三个案例:

案例 1

家长马上要来接孩子了,教师组织幼儿一个个坐下来,并提出要求:"家长没来接的小朋友坐在小椅子上看看书、聊聊天,家长来接了才能离开小椅子哦。"然后教师走到门口接待家长,按照家长来的顺序一个个叫幼儿的名字,示意幼儿可以回家了。其余幼儿坐在椅子上,有的拿着书却没翻开来,有的趴在椅子上看着窗台,有的拿着书打来打去,只有极个别幼儿按照老师的要求认真看书。过了一会儿,一个幼儿站起来说:"老师,我去换本书。"接着幼儿一个个都站起来不停地来来回回换书,或借换书的名义溜达一会儿,教室的场面失控了。

案例 2

离园时间到了,教师帮幼儿整理好衣物就开始接待家长了。这时,班级里的幼儿开始自由活动。有的在教室里跑来跑去、互相打闹,有的

走到区角里游戏，有的在地上爬来爬去，有的甚至溜到外面看看家长有没有来接。

案例3

"孩子们，又到了我们快乐的离园时光了。在等爸妈来接的时间里，你们可以选择自己喜欢的事情来做，但注意不要影响别人，也不要追逐打闹，家长来接时能自己收拾好。"听完老师提出的要求，孩子们搬起小椅子去做自己喜欢的事，有的搭积木，有的玩小书包里的玩具，有的继续画画，也有的直接坐在一旁等着，因为他的妈妈总是很早就来接了。

上述三个案例是教师在组织离园活动时表现出的三种类型：强制型、放羊型和民主型。幼儿在离园时的活动状态要求是"有序"，显而易见案例3中的民主型是最符合"有序"要求的。虽然案例3中，教师只是简单地说了几句话，但其中包含着长期以来师幼共同建立的良好的行为习惯和常规要求。那么，我们其他教师应该怎样做才能达到"有序"的境界呢？

①活动内容的趣味性、丰富性、适宜性。兴趣是最好的老师，而幼儿的兴趣点主要来源于活动内容和材料本身，所以教师在为幼儿提供活动内容时要充分考虑幼儿的兴趣点，吸引幼儿主动参与。像案例1中，阅读需要安静的氛围和专注的情绪，而幼儿本身对图书的兴趣不是很大，在离园这个充满诱惑的环节更是难以集中注意力，但是教师又强制性规定只能看书，所以幼儿出现无聊、自己想乐子的情况在所难免。因此，想要吸引并保持幼儿的兴趣，教师需要不间断地更新材料，优化活动形式和内容，让幼儿保持新鲜感。同时走进幼儿内心，挖掘幼儿的兴趣点，投其所好开展活动内容。

活动内容除了丰富外，还要考虑其适宜性。因为离园活动的时间相对比较紧凑，教师要选择操作时间短、可以随时收放的活动内容。另外，安静的活动也比较重要，如果离园时进行运动性的、大强度的活动，幼儿就会过于兴奋而且容易出汗。

综上所述，适宜离园时间开展的活动有区域游戏、桌面游戏（积木、橡皮泥、拼插等）、同伴合作式的规则游戏、玩具分享、图书分享等。

②活动形式的自主性。自主性是指让幼儿自由选择喜欢的形式。在案例2和案例3中，两位教师的组织方式看似相同，都是在家长来接时放手让幼儿去玩，让他们玩自己喜欢的内容，体现了活动形式的自主性，而且案例2中的教师似乎自主得更彻底。但仔细分析不难发现，两位教师的操作是有本质性区别的，案例3中的教师对幼儿的活动内容其实已经做了筛选，要求幼儿选择相对安静、容易整理的活动，所以这样的自主是规则下的自主，也是幼儿需要的自主。

③活动方式的家园化。离园活动是家园联系的重要枢纽，除了家长谈话外，还可以邀请家长参与到教育活动中来，利用离园的短暂时间进行丰富的亲子活动。请看下面这个案例：

案例

三八妇女节前夕，教师事先发短信通知三八妇女节当天让妈妈亲自来接孩子。三八妇女节当天下午，每个幼儿都亲手做了美丽的康乃馨，在妈妈来接时把美丽的花送给妈妈，再送上一句甜甜的祝福和一个香香的吻。

（三）离园后的教师梳理环节

当幼儿都离园后，教师还应对当天工作做个大概的梳理。比如，班组教师可以一起回顾一天里的情况，分析突发、典型、重大事情的缘由和经过，并商讨更好的解决方法；清点当天教育活动的所有物品；如有重要事情忘记和家长交代，则应及时打电话和家长联系……同时可以准备明天活动的材料，让自己的教育教学更加从容。

三、试试这样做

（一）干净整洁的香宝宝

家长来接时第一眼看到的幼儿的印象将会被定格，幼儿衣着是否整洁、仪容是否干净、情绪是否愉悦，这些都将凝聚成家长对幼儿一天在园状况的缩影，也直接影响到家长对教师的信任，因此离园前一系列的整理活动至关重要。这些整理活动由一系列的小活动组成，但不是每天都要把这些程序详细地走一遍。随着幼儿动手能力的增强和对整理技能的掌握，有些内容教师只需简单提醒和检查。

1. 不露小肚脐

冬天时幼儿如果没有将衣服塞进裤子里，小肚子容易受寒而感冒，因此幼儿每次如厕、起床后将衣服塞进裤子里非常重要。而离园前最后一次整理重在查缺补漏，确保每个幼儿都能穿戴整齐，包好肚子。

活动准备

幼儿知道天冷时将肚脐露在外面容易引起感冒。

活动实施

- 请幼儿看看自己的肚脐是不是露在外面，并想办法包好肚子。
- 教师边念儿歌边示范包肚子的方法：

> 卷呀卷呀卷白菜（把上衣拉起），
>
> 剥呀剥呀剥白菜（把外裤拉下），
>
> 装呀装呀装馅子（把棉毛衫拉下），
>
> 包呀包呀包饺子（把外裤穿好），
>
> 盖呀盖呀盖锅子（把外衣拉下整理好）。

- 幼儿自主包肚子，教师指导并帮助能力弱的幼儿。
- 集体游戏"长高了，变矮了"。幼儿听到教师指令"我们长高了"，做双脚踮起两臂上举的动作；听到教师指令"我们变矮了"，将双手放下，将踮起的脚放平。在游戏中，教师检查幼儿有没有把衣服塞进裤子里，小肚子有没有被包起来。

活动建议

托、小班幼儿的动手能力比较差，尤其是冬天时衣服穿得比较多，他们很难将衣服塞到裤子里，特别是后面部分，这时教师要及时给予关注并适时提供帮助。教师还可以鼓励幼儿互相检查、互相帮忙，一起来塞一塞。幼儿熟练包肚子后也可以省略前面几个环节，直接进行"长高了，变矮了"的游戏，互相检查包肚子的情况。

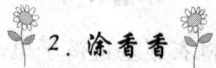

2. 涂香香

除了衣物的整洁外，仪表的干净与否也至关重要，家长如果看到自己孩子的脸上有画画留下的污渍，或是满脸的汗渍，肯定会心疼和不快。因此，教师可以在离园前组织幼儿再次清洗自己的小脸，涂上香香，并引导幼儿懂得涂香香可以保护自己的皮肤，要养成涂香香的习惯。

活动准备

小毛巾，镜子，香香的润肤露（或爽身粉）。

活动实施

- 组织并协助幼儿洗好手和脸，并用干净的毛巾擦干净手和脸。
- 带领幼儿边念儿歌边一起涂香香。

涂 香 香

宝宝霜，香喷喷，
我要和你做朋友。

蘸一蘸，点一点，
照一照，抹一抹，
小脸蛋儿香又滑。

- 涂好后教师逐一和幼儿拥抱，闻一闻香不香，使幼儿产生愉悦的情绪。

活动建议

虽然幼儿完全可以自己来涂香香，但还是建议教师逐一为幼儿挤到手上，因为这种一对一的亲密接触不仅可以增进师幼间的情感，还可以让教师再次观察幼儿的脸部情况，看看小脸是否洗干净了以及脸上是否有教师忽视的伤疤。

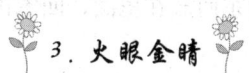

3. 火眼金睛

对于中、大班幼儿来说，同伴间的互相帮助、互相提醒在整理环节是非常高效、实用的方法。特别是鞋子是否穿反、衣领有没有翻出、衣扣是否对齐、裤子有没有穿反等直观却又容易被忽视的细节，很容易被同伴一眼看出并整改。长久为之，有助于幼儿养成细心观察、及时提醒的好习惯。

活动准备

轻快的音乐，开阔的场地。

活动实施

- 幼儿在教室内围成两个圆圈，并面对面站好。
- 音乐开始，幼儿边自由做动作边转圈（外圈顺时针转，里圈逆时针转），音乐停止幼儿立正站好。
- 幼儿自由纠正同伴衣着上的错误，也可互相帮助解决问题。
- 音乐重新开始，幼儿继续转圈。

活动建议

本次活动也可让幼儿坐在座位上进行，更加省时省力，但转圈的方式使枯燥的纠错活动更富有情境性和游戏性，因此教师可根据时间和幼儿的现实情况自由安排内容。待幼儿熟悉之后，也可在自由整理环节里鼓励幼儿互相检查。

4. 理好书包回家喽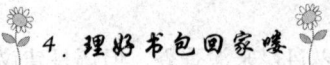

早上穿来的外套、雨天的雨靴、晚上的作业、家园联系册、家里带来的小玩具……幼儿总会有一些东西需要在家里和幼儿园之间带来带去，而年幼的孩子往往比较健忘，东西一多或者注意力被其他事情吸引难免丢三落四，此时如果能为他们准备一个小书包或者人手一个小柜子，他们就可以把所有的东西放在里面，回家前看一眼就可以了。

活动准备

人手一个小书包。

活动实施

- 和幼儿讨论：小朋友经常把衣服、玩具等落在幼儿园，怎么办？怎样才能把该带的东西一样不落？
- 出示小书包，鼓励幼儿把自己的东西有序地放进书包。
- 书包的家。引导幼儿在幼儿园时将书包整齐地摆放在指定区域，离园时能将书包背回家，并在第二天早上带回来。

活动建议

除了小书包之外，也可以为幼儿准备小柜子、小抽屉等人手一个私人空间，让幼儿放置随身物品。

（二）说说我的一天

离园前除了衣着和随身物品的整理之外，幼儿在思维方面的整理也非常重要。现在的家长都比较重视孩子的生活和学习情况，见面后也总

会问问孩子当天学了什么内容，老师教了什么，中饭吃了什么。低年龄段的幼儿由于信息储存时间短，容易健忘。如果日复一日总是得到孩子"不知道"的答案，家长肯定会质疑："我的孩子每天在幼儿园都干了些什么？就这么浑浑噩噩过一天吗？"而在离园前对一日生活进行梳理，可以帮助幼儿回忆并复习一天的学习内容，分享一天的快乐，幼儿也就能更好地与家长交流。

5. 快乐的一天

在离园前共同回忆当天发生的点点滴滴，分享一天的生活、学习、游戏过程，重温快乐的瞬间，感受幼儿园生活的美好，对幼儿和教师来说是个不错的选择。

活动准备

这是一个自由交谈的时间，气氛是轻松而又愉悦的，因此教师可以放点舒缓的轻音乐，营造宽松的氛围。

活动实施

教师和幼儿围坐在一起，大家自由交谈。话题如下：

今天你有什么开心的事情吗？你玩了什么好玩的游戏？

中午吃了什么菜？哪个是你最喜欢的？

今天你有什么进步的地方？还有哪些不足有待改进？

今天你学到了什么本领？能和大家分享一下吗？

……

活动建议

这个过程是轻松而又愉悦的，教师不要过多干涉幼儿的发言以及同伴间的自由交谈。另外，在集体面前发言不能兼顾每个幼儿，因此要鼓励幼儿和同伴间的交流，使每个幼儿都有尽情表达、表现的机会。

6. 我的小舞台

在离园前的短暂时间为幼儿搭建展示的舞台，让幼儿在集体面前展示自己当天学习的儿歌、故事、探索发现、歌曲等，在歌声、书声、笑声中结束一天的幼儿园生活，对幼儿来说肯定别有一番意义。

活动准备

展现自我的小舞台和小话筒，必要时还可让幼儿自制表演所需的道具。

活动实施

- 师幼讨论：今天学了什么内容？（儿歌、故事、歌曲、探索发现、数学知识、体育技能等）
- 鼓励幼儿展现才艺，到小舞台上表演！

活动建议

幼儿展现的形式可以是一个人，也可以是自由结伴、小组、集体等多种形式。教师要特别调动那些内向不爱表现的幼儿的参与积极性，鼓励每个幼儿都能参与到"小舞台"的表演中来。

（三）我是开心宝宝

离园前幼儿情绪的好坏牵扯到许许多多人的心绪，首先是孩子自己的，他们往往会把最后十来分钟的心情扩大成一整天的情绪。此时是开心的，他们就会觉得一整天都是开心的，进而更加喜欢幼儿园的生活，对第二天的来园充满期待；其次是家长，与幼儿分开一整天之后如果第一眼就看到幼儿明媚的笑脸，家长的心肯定是暖暖的；再次是教师，如果教师在下班前能和幼儿共度开心的时光，将为一日的工作画上圆满句号。

7. 送笑脸

幼儿的情绪容易受外界影响，看到别人难过时会跟着伤心，看到别人大笑时也会跟着开心，所以教师要调动全班幼儿的情绪，使整个教室处于开心快乐的氛围中，让幼儿带着愉悦的情绪离园。同时，在幼儿的欢声笑语中夸奖、赞美幼儿，让幼儿的情绪始终高涨，他们会期待着教师将笑脸娃娃奖励在自己的额头。

活动准备

教师在自己的拇指上画一个笑脸，也可以准备一些小的笑脸娃娃贴纸。

活动实施

- 大家一起哈哈笑。教师可以引导孩子：你们喜欢笑脸宝宝吗？老师和妈妈都喜欢看到你们的笑脸，我们一起来笑一笑吧！
- 在欢声笑语中，教师可以和孩子一起唱一唱《哈哈笑》的歌曲，或念一念《笑脸宝宝》的儿歌。

笑脸宝宝

大拇哥，真正好，
咧着嘴巴对我笑，
夸我每天有进步，
夸我是个好宝宝。

- 教师用画有笑脸的拇指和幼儿游戏，根据幼儿每天的点滴进步随机表扬幼儿，在幼儿的额头上轻轻按一下，奖励给每个幼儿一个笑脸娃娃，让幼儿开心地回家。教师还可以具体表扬幼儿的进步点，比如，"××今天上课举手很积极，奖励一个笑脸。"

活动建议

教师要善于在日常活动中发现幼儿的点滴进步，以便有针对性地提出表扬或建议，让幼儿真切感受到教师的关注，激发"我要进步"的高涨情绪。除了用大拇指奖励笑脸外，教师也可以逐一在幼儿额头上贴笑脸娃娃小贴纸来进行奖励。

8. 夸夸你，夸夸我

每个人都渴望得到他人的赞美和认同，"夸夸你，夸夸我"就为幼儿提供了这样一个平台，让幼儿养成关注并发现他人长处的机会，学会赞美他人和自己，有初步的评价意识和能力。

活动准备

幼儿平时有评价他人和自己的经验；已经学会玩游戏"击鼓传花"。

活动实施

- 幼儿和教师围坐成圆圈，一起玩游戏"击鼓传花"。
- 音乐停止时，传到花的幼儿要站起来走到一个小朋友面前，给他一个大拇指或拥抱，并夸一夸他的长处，也可以夸一夸自己。然后，游戏继续开始。

活动建议

在"夸一夸"的环节中，教师要拓展幼儿夸奖的思路，避免局限在教师经常提及的范围内，如吃饭、睡觉、上课等，要鼓励幼儿夸夸自己和同伴助人为乐、坚持到底、勇敢等优良品质。

9. 明天见

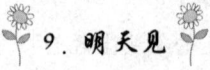

低年龄的幼儿经常会出现这样的情况：在幼儿园一整天都是非常开心的，但是每天早上来园时都会哭上一会儿，抱着家长不肯放手。虽然孩子哭闹的情绪只会持续一阵儿或者在家长离开后马上平息下来，但是

家长看着哭闹的孩子难免会揪心和不舍。因此，教师可以在离园前和幼儿进行约定，让幼儿对第二天和老师的约定充满期待，弱化舍不得的情绪，进而不再哭闹。

活动准备

幼儿玩过拉拉钩的游戏。

活动实施

- 幼儿围坐成一圈，一边念儿歌《拉拉钩》，一边和教师拉钩相约。

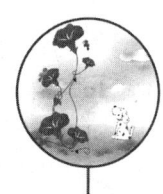

拉 拉 钩

小拇哥，真有趣，点点头，拉拉钩，
我们都是好朋友，明天见面拉拉手。

- 念完儿歌，教师可与个别幼儿再次相约。比如，明天来园和老师拥抱一下，奖励个小贴纸，当值日生，排队时排第一个等幼儿感兴趣的内容。

活动建议

在活动中教师要充分调动幼儿喜欢并期待上幼儿园的情绪，相约的内容要对幼儿有吸引力。另外，对于早上情绪反应厉害的幼儿，教师要给予重点关注，必要时可以私下里单独相约。

（四）自主有序的游戏

当家长三三两两来接孩子离园时，教师因接待家长、和幼儿告别等而将关注的重点放在教室门口附近，此时幼儿的情绪正处于一天的最高点，而且因为知道教师不会在家长面前批评自己变得有恃无恐，进而奔跑、追逐、打闹，甚至做出危险行为。因此，教师要安排丰富而有趣的内容让幼儿自主选择，有序游戏。

10. 分享真快乐

分享是一种良好的习惯，不仅能使幼儿收获他人的感谢，伴随而来的交换行为也会更多，这里的分享可以是玩具分享、图书分享、心情分享等。在离园前的活动中，幼儿可互相交换各自的物品，这样既能丰富活动内容，又能增进幼儿间的友情，也使幼儿体验到同伴之间分享、合作的乐趣。

活动准备

幼儿自带小书包，并在书包里装上喜欢的玩具、图书等。

活动实施

- 鼓励幼儿将玩具、图书等和同伴分享。
- 提醒幼儿：如果你想玩别人的东西，应该怎么说，怎么做？
- 幼儿自选空场地进行游戏。

活动建议

教师应和幼儿共同商议分享的规则，比如什么样的玩具不能分享（不安全的、不健康的、易损坏的），分享结束后及时将玩具归还，分享时的常规要求，等等。

日常生活中，教师可以向孩子渗透分享的要求和礼仪，让幼儿学会分享、愿意分享，并感受到分享的快乐。

11. 自由玩区角

区角游戏是幼儿最喜欢的内容，每次的区角时间幼儿都会沉浸在小小的世界里，游戏结束时仍恋恋不舍。在离园活动时向幼儿开放班级的区角，可以让幼儿继续当天没有完成的游戏，也可以避免因家长来接孩子时间不同导致一些幼儿无所事事地等待。同时，要求幼儿回家前把自己看过的书、玩过的物品整理好并放回原处，可以培养幼儿整理东西的

良好习惯。

活动准备

幼儿喜欢玩区角游戏，并能安静、有序地游戏。

活动实施

- 选择某些区角或材料进行开放，鼓励幼儿自由选择，有序游戏。
- 家长来接时，幼儿收拾好自己的游戏材料。

活动建议

区角游戏虽然好玩，但并不是每个区角都适合在离园活动时开放，所以关于开放的内容教师要把好关，尽量选择那些材料取放容易、游戏时间短、可以随时中断游戏内容的区角向幼儿开放。

家长来接时看到幼儿在游戏可能会参与进来，因此也可以设计一些适合亲子游戏的内容。

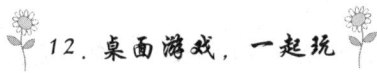

12. 桌面游戏，一起玩

幼儿自由结伴，可以开展各种好玩的桌面游戏。这些游戏既可以增长幼儿的学识，还能让幼儿体验同伴间相互合作游戏的乐趣，更能让幼儿学习如何正确地与同伴交往。幼儿可以进行的桌面游戏主要有：接龙卡片（数字接龙、长短接龙、高矮接龙、数物接龙）、扑克牌（比大小、接龙、垒高）、棋类游戏、拼图游戏、建构游戏、泥工游戏等。

活动准备

将各种游戏材料分别放在一个个托盘上，方便幼儿取放。

活动实施

- 告诉幼儿去拿自己喜欢的材料，并提醒幼儿思考：两个人都想玩同一份材料怎么办？
- 家长来接时，幼儿收拾好材料，并放回柜子里。

活动建议

桌面游戏的内容需要定期更换，教师可以和幼儿共同商量确定

内容。

13. 小小值日生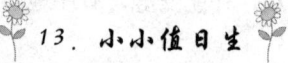

幼儿离园时基本能把自己玩过的玩具归位，收拾好自己相关的物品，但是教室里还有很多固定的公共整理空间和随机的打扫任务需要完成，如用完后没擦的黑板、放在窗台晒太阳的植物、美工区没倒的垃圾等。让幼儿发现并主动地承担这些任务，比保育员或老师来完成要有意义得多。这样不仅可以培养幼儿良好的行为习惯，还能强化幼儿的主人翁意识和任务意识。

活动准备

适合幼儿使用的小扫帚、小畚斗、小抹布等劳动工具；事先讨论好值日生的劳动职责，明确应该做好哪些事情。

活动实施

- 告诉幼儿："值日生的劳动开始了，每个人按照自己的职责开心地为大家服务吧。"
- "亮眼睛来找碴"。请幼儿做完自己那份工作后，找找教室里还有哪里比较乱需要打扫，并付诸行动。

活动建议

关于值日生劳动的内容，教师可以和幼儿一起讨论商议，确定适合自己班级的范围，并让幼儿画出来做成海报贴在教室里。

14. 再见还要拍拍手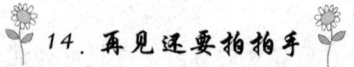

安全是幼儿园的第一要素，但是有些幼儿特别是托、小班的幼儿，当他们看到期盼了一整天的父母出现在面前时，会兴奋得忘记和老师道别，甚至趁老师不注意跑出去和父母回家了。而游戏"再见还要拍拍手"提醒幼儿在游戏情境中愉快地和老师拍手道别，简单的动作可以消

除教师不知道幼儿何时由谁接走的尴尬和安全隐患,并让幼儿体验和老师互动的快乐,拉近师幼间距离,同时也让家长看到幼儿在园大胆、积极的一面。

活动准备

材料很简单,CD、CD播放机就可以。

活动实施

- 家长来接前,教师带领幼儿集体合唱《拍手歌》,并告诉幼儿离开前要和老师击一下掌,这是一个快乐的约定。
- 家长来接时,教师逐一和幼儿击掌告别,并相约明天见。

活动建议

当幼儿都能快乐地和老师击掌道别后,教师还可以鼓励幼儿采用更丰富的道别方式,如飞吻、拥抱、顶顶额头等。

四、温馨小贴士

在离园环节的组织方面,教师应注意以下四点:

◆ 幼儿的安全问题是离园工作的重中之重,这里的安全问题包括幼儿的走失、被陌生人冒领、自由活动时的碰撞等。因此,建议班级教师同时进班并统筹分工,明确职责,碰到陌生人来接能及时和家长联系,确保幼儿安全离园。如果只有一位教师组织离园活动,建议教师站在教室门口,这样既能和幼儿告别、和家长交流,又能看到班里孩子活动的情况,还能及时阻止企图溜出去的幼儿,最大限度地照顾到所有孩子的安全。

◆ 离园时教师要尽量避免和个别家长进行长时间的交谈,以免忽视对其他幼儿的监护,如确有要紧事情可简短说明后另约时间交流。此外,和家长交流时教师要注重方法,多说孩子在园的具体表现和进步。比如,"××今天把饭菜都吃完了""××第一个举手要求讲故事,而且声音很响亮",等等。对幼儿提意见时态度要委婉,或先扬后抑巧妙带出幼儿的不足。但当幼儿发生了特殊事情时,教师一定要主动告知家长。

◆对待家长晚来接的幼儿,教师要有爱心和耐心,安抚好幼儿的情绪。对于偶尔家长晚来接的孩子,教师要与其家长联系询问情况,一方面可告知幼儿原因及还需等待的时间,另一方面可避免家长忘接漏接。

◆建立离园接送制度。比如,安装幼儿入离园安全识别系统,建立离园家长签字制度,制订接送卡,等等。另外,要求接送家长相对固定,避免频繁更换,如接送人员临时更换要及时和教师联系。对于家庭背景特殊的幼儿,如离异家庭的幼儿,教师要更为关注,慎重对待,以免造成不必要的纠纷。

万千教育 学前教育类书目

书号	书名	著、译者	定价(元)
\multicolumn{4}{c}{幼儿园一日活动设计指导系列}			
9952	幼儿园一日生活过渡环节的组织策略	吴文艳 主编	28.00
8469	幼儿园一日生活环节的组织策略	宋文霞 等 主编	36.00
9531	幼儿园一日活动教育细节69例	王明珠 主编	28.00
0158	幼儿园大型活动组织与策划手册	李春玲 著	35.00
幼儿园一日活动设计指导系列合计			127.00
\multicolumn{4}{c}{幼儿园园所管理}			
2102	破解幼儿园园长的50个管理难题	苏晓芬 等 著	48.00
1784	幼儿园危机管理策略与实例	周丛笑 等 编著	52.00
1596	幼儿园安全管理策略	张春炬 李芳 主编	42.00
0039	园本培训促进幼儿教师专业发展	晏红 著	32.00
9883	幼儿园教研活动设计与实施	莫源秋 著	32.00
9620	幼儿园保育员工作指南	伍香平 等 主编	20.00
9438	幼儿园园长的领导艺术	任民 李迎春 著	32.00

9006	幼儿园园长临场应变技巧50例	卢 俊 著	20.00
9012	幼儿园园长易犯的80个错误	伍香平 主编	25.00
幼儿园园所管理合计			303.00
幼儿行为观察与应对指导			
2308	0—8岁儿童纪律教育 ——给教师和家长的心理学建议(第七版)	蔡 菡 译	72.00
9138	幼儿行为的观察与记录(第五版)	马 燕 等译	32.00
2045	幼儿问题行为的识别与应对 ——给家长的心理学建议(第二版)	冯夏婷 主编	58.00
7797	幼儿问题行为的识别与应对(教师篇) (第6版)	王玲艳 等译	38.00
1262	幼儿活动档案记录与解读(第二版)	马 燕 等译	46.00
幼儿行为观察与应对指导合计			246.00
幼儿园家长工作指导			
2345	幼儿成长揭秘 ——常见问题分析与家园共育策略	王普华 等著	48.00
1934	幼儿教师与家长沟通之道(第二版)	晏 红 著	46.00
364	幼儿园家长工作技能与艺术	莫源秋 编著	45.00
806	破解家园沟通的44个难题	胡剑红 主编	35.00
9610	幼儿教师的家长工作技巧	张春炬 主编	34.00
9592	幼儿园家长开放日活动设计与实践指导	卢筱红 主编	25.00
9322	幼儿园家庭教育指导形式与方法	晏 红 著	34.00
幼儿园家长工作指导合计			267.00

	幼儿心理与发展指导		
2205	幼儿行为管理的方法与策略	莫源秋　著	46.00
1779	幼儿情绪管理的方法与策略	莫源秋　著	48.00
9496	透视幼儿心理世界 ——给幼儿教师和家长的心理学建议	冯夏婷　主编	36.00
0783	透视0—3岁婴幼儿心理世界 ——给教师和家长的心理学建议	冯夏婷　主编	38.00
0183	幼儿常见心理行为问题：诊断与教育	莫源秋　著	38.00
6608	幼儿心理健康教育	刘文　编著	25.00
幼儿心理与发展指导合计			**231.00**
	幼儿园教师教学技能与活动指导		
2253	理解儿童心理从绘画开始（全彩）	陈侃　著	38.00
0760	幼儿园备课·说课·听课·评课	俞春晓　等著	42.00
8598	幼儿园集体教学活动设计方法与实例	俞春晓　著	28.00
9499	幼儿教师必须修炼的10项教学技能	俞春晓　著	25.00
9454	幼儿园教学诊断技巧与对策58例	王春燕　等著	38.00
1799	幼儿园电影主题活动创意设计（全彩）	王微丽　等主编	72.00
9612	幼儿园综合主题活动 ——设计技巧与优秀案例	赵旭莹　等主编	42.00
1235	幼儿园绘本美术活动创意设计（全彩）	郭莉萍　赵福云　主编	68.00
9323	幼儿园美术活动创意设计（全彩）	罗梅　赵福云　主编	56.00
0180	给幼儿教师和家长的81条美术教育建议（全彩）	李力加　著	62.00

9150	幼儿园节日活动精彩设计方案	刘洪霞 主编	35.00
9590	幼儿园语言活动创新设计	郭咏梅 著	32.00
0157	幼儿园优秀语言活动设计70例	郭咏梅 主编	26.00
0453	幼儿园优秀体育活动设计99例	朱 清 侯金萍 主编	45.00
9892	幼儿园优秀美术活动设计99例（全彩）	陈学群 余 晖 主编	58.00
9591	幼儿园优秀健康活动设计80例	范惠静 主编	38.00
9439	幼儿园优秀社会活动设计65例	伍香平 主编	25.00
9385	幼儿园优秀科学活动设计88例	董旭花 主编	35.00
9951	幼儿园科学探究故事20例	王明珠 主编	40.00
幼儿园教师教学技能与活动指导合计			**805.00**

幼儿园教师教育技能与活动指导

2096	让幼儿都爱听你说（第二版）	马希武 等 译	36.00
1707	有力的师幼互动	王连江 译	36.00
9903	幼儿教师与幼儿有效互动策略	莫源秋 等 编著	35.00
1197	幼儿教育中的心理效应	莫源秋 等 编著	32.00
9950	让幼儿都爱听你说 ——幼儿教师说话的艺术	马希武 等 译	20.00
8953	幼儿教师实用教育教学技能	莫源秋 等 著	30.00

......
欲了解更多图书信息，请登录：www.wqedu.com
联系地址：北京市西城区三里河路6号院2号楼213室　万千教育
咨询电话：010-65181109，65262933
*本目录定价如有错误或变动，以实际出书为准。